마담 보바리 읽·기·의·즐·거·움
현대 문학의 전범

e시대의 절대문학

마담 보바리 읽·기·의·즐·거·움
현 대 문 학 의 전 범

|오영주|플로베르|

살림

e시대의 절대문학을 펴내며

자고 나면 세상은 변해 있다.
조그마한 칩 하나에 방대한 도서관이 들어가고
리모콘 작동 한 번에 멋진 신세계가 열리는
신판 아라비안나이트가 개막되었다.
문자시대가 가고 디지털시대가 온 것이다.

바로 지금 한국은, 한국 교육은,
그 어느 시대보다 독서의 당위성을 강조하고 있다.
지난 시대의 교육에 대한 반성일 것이다.
그러나 문자시대가 가고 있는데,
사람들은 디지털시대의 문화에 포위되어 있는데,
막연히 독서의 당위를 강조하는 일만으로는
자칫 구호에 머물고 말 것이다.

지금 우리는 비상한 각오로, 문학이 죽고
우리들 내면의 세계가 휘발되어버린 이 디지털시대에
새로운 문학전집을 만들고자 꿈꾼다.
인류의 영혼을 고양시켰던 지혜롭고 위엄 있는
책들 속의 저 수많은 아름다운 문장들을 다시 만나고,
새로운 시대와 화해할 수 있는 방법론적 독서를 모색한다.

'e시대의 절대문학'은
문자시대의 지혜를 지하 공동묘지에 안장시키지 않고
디지털시대에 부활시키는 분명한 증거로 남을 것이다.

발행인 심 만 수

| 차례 |

e 시대의 절대문학을 펴내며   5

1부 | 구스타브 플로베르

1장 시대와 작가의 삶
1848세대의 프랑스   12
구스타브 플로베르   18

2장 플로베르와 『마담 보바리』
플로베르의 문학세계   38
『마담 보바리』 인물 분석   58
보바리즘   76
구조 · 시점 · 퇴고   96
소송에서 현대문학의 전범(典範)으로   110

마담 보바리 읽·기·의·즐·거·움
Madame Bovary

2부 ㅣ 리라이팅

마담 보바리   122

3부 ㅣ 관련서 및 연보

『마담 보바리』 관련서   186
구스타브 플로베르 연보   196

1 구스타브 플로베르

Gustave Flaubert

작품과 작가의 관계는 조물주와 세계와의 관계와 같아야 한다.

신은 자신이 창조한 세계에 대해 의견을 표명하지 않는다.

조물주는 모든 것을 창조하지만 그의 흔적은 어디서도 느낄 수 없다.

『마담 보바리』는 불륜에 빠진 한 여인의 파멸에 관한 이야기이다.

사실주의 문학의 완성, 자연주의 소설의 시작, 현대 소설의 선구 등

이 소설이 누리는 화려한 평가와 명성에 비해 볼 때

작품의 소재는 지극히 초라하다.

그런데 바로 이 보잘것없는 소재로부터 아름답고 완벽한 세계,

『마담 보바리』를 만들어 내었다는 데

플로베르의 천재성과 예술성이 있다.

1장 — 시대와 작가의 삶
Gustave Flaubert

1848세대의 프랑스

1821년 출생해 1880년 세상을 떠난 플로베르는 정확하게 19세기 한가운데 놓여진 60년을 살았다. 그가 세상에 관심을 가질 만한 나이가 되었을 때 프랑스에는 복고왕정(1815~1830)이 무너지고 상대적으로 자유로운 7월 왕정(1830~1848)이 자리 잡고 있었다. 플로베르는 청소년기를 7월 왕정 하에서 보냈고, 청년기에 1848년 혁명과 1851년 제2제정의 수립을 경험했다. 프랑스에서는 플로베르처럼 청년기에 1848년 혁명을 겪으면서 그들만의 독특한 세계를 갖게 된 세대를 흔히 1848세대라고 부른다. 1848세대는 생 시몽, 콩트, 루이 블랑, 피에르 프루동의 저서를 열심히 읽은 세대로 낭만주의의 세례를 받고 태어나 사실주의의 문을 열었다.

1830년 7월 혁명은 대혁명 최대의 수혜자였던 부르주아의 정치·사회적 우월권을 재확립했다. 7월 왕정 동안 산업혁명이 시작되었고 외관상의 번영과 안정이 어느 정도 확립되었다. 세계 어디서나 마찬가지로 프랑스에서 산업혁명은 자본가 계급과 근대 공업노동자 계급을 급속히 성장시켰고, 전자가 누리는 경제적 부에 비교해 볼 때 후자가 겪어야 하는 빈곤함은 처참한 상황이었다.

상층 부르주아의 이익에 과도하게 집착한 부르주아 왕국, 7월 왕정은 빈부 격차를 무마시킬 의지도 능력도 없었다. 증대하는 사회·경제적 불평등 속에서 '공상적' 사회주의 이론이 서술되었고 사람들에게 영향을 끼쳤다. 또한 대혁명의 체제인 공화정에 대한 열망은 꾸준히 계속되고 있었다. 외국의 망명객들이 북적댔던 40년대의 파리는 혁명적인 사상을 피력하고 퍼뜨리는 갖가지 정치 모임으로 넘쳐났다. 이러한 정치적 요동은 경제 위기와 외교정책의 실책을 기화로 1848년 혁명의 도화선이 된다.

1848년 2월 혁명으로 제2공화국이 선포되었다. 프랑스 한편은 공포로 그 반대편은 희망과 기대로 부풀었다. 부자들은 불안에 떨면서 재산을 팔고 예금을 인출했으며, 반공화주의자들은 며칠 사이에 재빨리 공화주의의 가면을 썼지만 속으로는 반격을 노리고 있었다. 반면 2월 혁명을 승리로 이끈 노동자 계급과 중소 부르주아는 환호하며 공화국을 받아들였다. 부르주아와 노동자가 서로 얼싸안았다.

하지만 대혁명의 주역, 근대사회의 두 핵심 계급의 화해는 불과 몇 달 지속되었을 뿐이었다. 2월 혁명은 "환상과 시와 공상적 내용과 상투적 문구" 아래 이루어졌던 두 계급의 공동 봉기였고 따라서 오래 지속될 수 없는 혁명이었다. 왕정의 타도를 위해 서로 형제가 되었던 두 계급은 공동의 적이 사라지자 카인과 아벨의 운명에 놓이게 된다. 1848년 6월 봉기는 바로 부르주아가 카인이 되고 노동계급이 아벨이 되어 벌인 계급 전쟁이었다. 아벨의 열망은 무산되었고 아벨을 살해한 카인 부르주아는 정치 · 경제 · 사회의 주도세력이 된다.

제2공화국은 몇 년 더 존속하지만, 이 기묘한 공화국은 결국 나폴레옹 보나파르트의 조카 루이 나폴레옹을 대통령으로 선출했다. 전반적인 불신과 낙담의 분위기 속에서 1851년 12월 루이 나폴레옹은 쿠데타를 일으켰다. 서로에 대한 불신으로 인하여 노동계급과 부르주아는 그 어느 쪽도 이 수상쩍은 쿠데타에 제대로 저항하지 못했다. 이로써 공화제도 민주주의도 부정한 권위주의 체제, 제2제정이 시작되었다.

제국은 두말할 나위도 없이 자유를 탄압하였다. 그러나 프랑스는 때마침 상승 궤도에 오른 산업혁명에 힘입어 경제적 번영을 구가했다. 자유 박탈에 대한 보상으로 경제적 번영이

주어졌던 셈이다. 경제적 번영은 점차 독재적이고 폐쇄적인 제정에도 자유주의의 바람을 불어넣어, 제2제정은 1860년대부터 조금씩 국민의 자유를 확대해 갔다. 그러나 제2제정은 1870년 보불전쟁으로 막을 내리고, 파리 콤뮌이라는 일종의 내전을 치르면서 제3공화국이 선포된다.

1848년은 19세기 프랑스사의 전환점이었다. 정치적으로는 1848년 6월 봉기를 기점으로 진보적 부르주아가 보수화되었다. 대혁명 이후 혁명적 입장을 지켜왔던 그들이 체제 혁신이 아니라 체제 유지로 돌아서게 된 것이다.

예술에 있어서도 2월 혁명을 기점으로 낭만주의가 급속히 쇠퇴한다. 낭만주의는 18세기 후반기부터 생겨난 현대적 감수성의 표현이기도 하지만, 예술에 있어서의 규칙들에 대한 반발에서 시작되었다. 대혁명 이후의 부르주아 사회가 정치 경제에 있어 자유주의를 요구했듯이 낭만주의는 예술에 있어서의 자유를 부르짖었다.

낭만주의는 개성과 주관, 감성, 비합리성과 상상력, 환상에 물려 있던 재갈을 벗기면서 자아를 최대한으로 확대시키고자 했다. 속악한 현실에 대한 낭만주의자들의 거부는 이국취향이나 내면적 몽상으로의 도피로 표현되기도 했지만, 한편으로는 예술의 사회적 소명을 주장하면서 개인과 예술의 자유, 나아가 민중의 자유를 소리 높여 외치게 만들었다. 그들은 민중에 대한 연민과 인류의 미래에 대한 예언자적 사명으로 7월 혁명과 2월 혁명에 투신하였다. 그러나 1848년 2월 최고점에 달했던 정치적 도취 상태가 몇 달 만에 환멸로 바뀌었듯이, 1848년 이후 낭만주의의 감성과 열정, 우울한 정서, 순수성에 대한 집착은 설득력을 잃게 된다.

낭만주의가 쇠퇴하게 된 원인에는 정치적 좌절이나 창백한 안색의 주인공들이 내뱉는 한숨과 눈물에 대한 싫증만이 있었던 것은 아니다. 19세기 중반기 이후 혁신적으로 발전한 과학기술이 삶의 외향적 조건들을 완전히 변화시켰기 때문이다.

일반인들의 의식 속에서 과학주의와 동의어로 사용되었던 실증주의는 세기 초에 시작된 것이지만, 중반기에 이르러 그것이 실제적으로 펼쳐질 수 있는 환경이 조성되었다. 철도망이 획기적으로 확산되고 주요 은행들이 설립되었으며 소비시대의 대명사인 백화점들이 잇달아 문을 열었다. 낭만적 감수성은 기차의 속도를 따라잡을 수 없었고 백화점에 전시되기에는 철지난 물건 같았다. 마차를 타고 파리와 루앙을 오가던 사람들과 기차를 이용하게 된 사람들 사이의 감수성의 차이, 해가 지면 암흑천지로 변하는 도시와 가스등이 환하게 켜지는 도시를 경험한 사람들의 감수성의 차이는 엄청난 것이었다.

만국박람회가 상징하는 경제적 번영 속에서 낭만적 격정

은 잦아들고, 동시에 사회의 정신적·미학적 고양이라는 이상을 실현하는 구도자로서의 작가상은 빛을 잃었다. 예술은 먼 이국땅이나 과거보다는 당대의 일상에서 소재를 구하기 시작했고, 상상력보다는 관찰과 분석, 실험 등의 과학적 사고와 태도를 중시하게 되었다. 사실주의나 자연주의 이론들의 목소리가 자연 높아졌다.

구스타브 플로베르

플로베르의 사진과 초상화가 남아 있다. 커다란 눈과 콧수염과 벗겨진 이마가 가장 먼저 눈에 띈다. 1847년에 만들어진 여권에 기록된 바에 따르면 플로베르의 키는 183센티미터, 머리카락과 턱수염은 짙은 밤색, 얼굴은 타원형, 이마는 넓고 눈은 푸른색이다. 또한 왼쪽 눈 밑에 흉터가 있고 오른손에 화상 자국이 있다고 적혀 있다.

이 여권 외에 그의 외모에 대해 알려주는 것은 공쿠르 형제의 일기이다. 19세기 프랑스 문학계의 일일보고서라 불릴 만한 이 일기는 플로베르에 대해 많은 정보를 제공해주고 있다. 그들이 만난 즈음 39세의 플로베르는 "키가 아주 큰 데다 체구가 건장하고, 커다란 두 눈은 튀어나왔으며, 양쪽 볼은

포동포동하고, 뻣뻣한 콧수염이 늘어져" 있었다. 또한 "모든 것을 견뎌낼 청동 같은 기질을 지녔으며, 27시간 동안 말을 타고 달리거나 방에 틀어박혀 7달 동안 일을 하는 청년. 깊고 푸르고 날카로운 눈

플로베르 사진.

빛, 전쟁터에 나가는 몽고인과 같은 콧수염, 우렁찬 목소리, 살아오는 동안 바로 눈앞에서 뭔가, 그게 정확히 뭔지는 모르지만 환상이랄까, 꿈이랄까 그런 것이 죽어 없어지는 것을 경험한 그런 사람" 같은 인상을 주었다.

가족

구스타브 플로베르는 1821년 12월 12일 루앙의 시립병원에서 태어났다. 아버지는 그 병원의 수석 외과의사인 아쉴 클레오파스 플로베르였고 어머니는 쥐스틴 카롤린이었다. 플로베르 집안은 대혁명 이후 부상한 전형적인 부르주아 계층이었다. 플로베르 박사는 아들의 세례식에 참석하지 않을 정도로 반교권주의자였던 까닭에 집안 환경은 종교적인 교육과는 거리가 멀었다.

구스타브가 태어났을 때 플로베르 박사는 루앙에서 가장

부유한 사람 중의 한 명이었다. 1846년 플로베르 박사가 세상을 떴을 때 루앙의 한 신문이 문상객으로 넘쳐났던 그의 장례식을 보도할 정도로 플로베르 박사는 루앙의 유명인사이기도 했다. 플로베르가 특별한 직업도 없이, 그렇다고 발자크나 졸라처럼 소설로 생계를 유지해야 한다는 정신적 압박감에 시달리지 않고, 문학에만 전념해 살 수 있었던 것은 부유한 아버지를 둔 덕택이었다. 사실 플로베르는 말년을 제외하고는 경제적으로 큰 어려움 없이 지냈다. 평생을 독신으로 지낸 플로베르는 과부가 된 어머니와 함께 살았다. 그녀는 항상 아들의 건강을 걱정하고 보살펴 준 전형적인 어머니였고, 플로베르는 집을 떠나 있어야 할 때마다 어머니를 걱정했던 전형적인 효자였다.

위로는 여덟 살이 많은 형 아쉴이 있었고, 구스타브가 세 살 때 여동생 카롤린이 태어났다. 나이 차가 많은 형과의 관계는 어린시절뿐만 아니라 이후에도 그리 친밀하지 않았다. 아쉴은 아버지를 이어 의사가 되었고, 아버지가 사망했을 때 그 자리를 이어 받았다.

반면 구스타브는 여동생 카롤린과 함께 자랐고, 그들의 우애는 카롤린이 죽어서까지 계속되었다. 플로베르 박사가 죽은 1846년에 카롤린 역시 산욕열로 죽었다. 그녀의 딸 데지레 카롤린을 기른 것은 구스타브와 그의 어머니였다. 1864년 결혼할 때까지 크루아세에서 할머니와 삼촌과 함께 생활한 데지레에게 삼촌은 아버지와 다름없었다. 그녀의 남편이 파산했을 때 플로베르는 자기 재산으로 이 부부를 도와주었고, 그로 인해 말년에는 경제적으로 어려움을 겪게 된다. 데지레의 남편은 결혼 당시 부유한 목재상이었는데, 그에게 마음이 끌리지 않아 고민하고 있는 조카딸에게 플로베르는 "가난하고 훌륭한 사람보다는 돈 많은 식료품 장사"가 더 나을 지도 모르는데 "훌륭한 사람은 가난 이외에도 너를 미치게 할 만한 사납고 폭군적인 태도를 지니고 있기 때문"이라고 조언했다. 결혼을 앞둔 딸에게 모든 아버지들이 할 수 있는 지극히 평범한 충고였다.

학창시절과 친구들

12살이 된 플로베르는 오늘날의 중·고등학교에 해당하는 루앙의 콜레주 루아얄에 들어갔다. 이 학교는 루앙 시립병원에서 아주 가까운 곳에 있었지만 당시의 관례에 따라 플로베르는 주중에는 기숙생활을 하고 주말에는 집으로 돌아왔다.

플로베르는 뛰어난 학생은 아니었다. 분명 정규교육이 지적으로 그를 성장시켰을 테지만, 그에게 보다 소중했던 것은 독서와 친구들과의 교류였다. 학교를 졸업하자마자 쓴 자전적 소설에서 그는 숙제를 대충 서둘러 해치우고 몽상과 독서에 빠져들었다고 이야기하고 있다. 플로베르는 라블레, 몽테뉴, 코르네유, 셰익스피어, 괴테뿐 아니라 당시 유행하던 낭만주의 작품들을 탐독했다. 친구들과 함께 유행하는 낭만주의 작품들을 탐독하고, 서로가 쓴 글들을 읽고 평하며, 시인이 되기를, 특히 당시 젊은이들이 우상처럼 받들던 바이런과 같이 부르주아 사회의 도덕과 가치를 비웃는 시인이 되기를 꿈꾸었다. 플로베르와 그의 친구들은 음유시인이었을 뿐만 아니라 폭동을 선동하는 자이기도 했고 동양의 정복자이기도 했다.

슈발리에는 어린시절 플로베르의 가장 친한 친구였다. 9살 때부터 시작된 어린 구스타브의 편지는 대부분 슈발리에에게 보낸 것들이다. 콜레주 루아얄을 함께 다녔던 슈발리에는 법학을 공부해 1845년 대리검사라는 공직을 맡아 코르시카에 자리를 잡고 결혼한 이후 플로베르와 소원해졌다. 함께 부르주아의 위선을 비웃었던 이 친구가 전형적인 부르주아가 되어가는 모습을 보며 플로베르는 배반감과 동시에 씁쓸함을 느꼈다.

콜레주 루아얄을 다니는 동안 가장 밀접한 관계를 맺은 것은 학교를 함께 다닌 알프레드 르 푸아트뱅이었다. 플로베르와 알프레드의 어머니는 같은 기숙학교에 다녔고, 각자의 아버지가 서로 대부가 될 정도로 두 집안은 친했다. 또 플로베르의 '정신적인 아들'로 불리고 있는 모파상은 바로 르 푸아트뱅 여동생의 아들이다.

르 푸아트뱅은 플로베르가 3학년을 마치던 해인 1834년 7월 졸업했다. 알프레드는 플로베르에게 형과 같은 존재였다. 그는 사실 기질 면에서 플로베르의 친형보다 더 플로베르와 비슷했다. 플로베르는 알프레드가 자기보다도 더 순수한 시인이라고 생각했다. 르 푸아트뱅은 1848년 젊은 나이로 세상을 떠났는데, 시립병원의 다락방에서 그와 함께 했던 끝이 없었던 몽상과 대화의 기억들을 플로베르는 소중히 간직했다. 그가 죽은 지 25년 후 그에게 바치는 헌사와 함께 플로베르는 『성 앙투완의 유혹』을 출판했다. 플로베르에게 르 푸아트뱅은 젊은 날의 꿈과 몽상과 방황 그 자체였다.

1840년 플로베르는 대학 입학시험에 합격하고 다음 해 파리 법과대학에 등록했다. 1842년의 한 편지는 그의 대학생활을 한마디로 요약해 준다. 그는 법학을 선택하게 되었다고 말했다. 그리고 개인적으로는 그리스어와 라틴어를 계속 공부하는 데 흥미를 갖고 있었다. 그는 시험에 통과하기 위해 공부를 시작해야 했다. "하지만 항상 제 마음속에 되살아나는 것, 메모를 하다가도 손에서 펜을 놓게 만드는 것, 책을 읽을 때도 머릿속에 잘 들어오지 않게 만드는 것, 그것은 저의 오래된 열정이며 변함없는 고정관념, 바로 글을 쓰는 것이랍니다! 그 때문에 뭐든 제대로 할 수가 없어요." 이럭저럭 그 해의 시험은 통과했으나 1843년 대학 2학년 시험에 낙방하고 만다.

파리 법과대학에서 그는 막심 뒤 캉을 알게 되었다. 뒤 캉은 그와 많은 점에서 달랐다. 실제적이고 활동적이었던 뒤 캉은 성공이나 명예에 대한 갈증에 있어서 『고리오 영감』의 라스티냑을 연상시키는 인물이었다. 법학부 시절 이미 그는 낭만적인 이야기 몇 편을 발표한 터였다(플로베르는 35살까지 아무것도 출판하지 않았다!).

파리의 문학계에서 성공하기 위한 모든 방법을—재능을 제외하고—알고 있었던 뒤 캉이 플로베르에게 뭔가 세상에 내놓으라고 아무리 부추겨도, 『마담 보바리』를 출판하기까지(뒤 캉은 이 소설을 연재한 『르뷔 드 파리 Revue de Paris』의 편집장이었다) 이 '곰 같은 친구'는 꿈쩍도 하지 않았다. 플로베르는 뒤 캉의 처세술이 역겨웠고 뒤 캉은 플로베르의 '굼뜸'을 참을 수 없었던 듯하다.

반면 플로베르에게는 자신과 너무나 닮았던, 아니 자신보다 자신을 더 잘 알았던 친구 루이 부이예가 있었다. 두 사람은 루앙 왕립학교의 동기생이었지만 그들의 우정이 시작된 것은 1846년부터다. 의과공부를 시작했으나 생계 때문에 문학 선생이 된 부이예는 시인이자 극작가였다. 그는 말 그대로 플로베르의 제2의 자아였다. 우연의 일치랄까, 외모도 비슷했다. 평생 동안 플로베르는 부이예의, 부이예는 플로베르의 작품을 경청하고 교정해 주었다.

"나보다 더 내 생각을 명확히 꿰뚫어보는 산파 역할을 한 친구" 부이예에게 플로베르는 『마담 보바리』를 헌정했다. 그들은 공동으로 극작품을 쓰기도 했고, 플로베르는 자신보다 더, '성공하는 방법'—뒤 캉은 잘 알고 있었던—을 몰랐던 이 친구의 극작품이 상연될 수 있고 좋은 평가를 받을 수 있는 일이라면 자기 일보다 더 열성적으로 달려들었다.

전환점: 신경발작과 동방여행

법학공부는 플로베르에게 맞지 않았다. 1843년 대학 2년차의 플로베르는 법률공부 때문에 병들어 있었다. 수업을 듣지도 않았고 끊임없는 분노에 사로잡혀 있었다. 당시 여동생에게 보낸 그의 편지들은 온통 고향으로 돌아갈 날만을 학수고대하고 있다는 내용뿐이었다. 파리와 법률공부에 대한 혐오감은 그해 여름 절정에 달했다. 결국 8월 시험에서 실패하고 루앙으로 돌아온다.

1844년 1월, 플로베르 인생을 변화시킨 결정적 사건이 발생한다. 형 아쉴과 함께 도빌을 방문하고 돌아오던 마차 안에서 실신하는 사태가 벌어진 것이다. 몇 달 동안 심각한 상태였다가 점차 잦아들었다. 알려진 바로 마지막 실신은 1860년 즈음이었다. 그 뒤 플로베르가 자신이 어떻게 이 병을 고쳤는가에 대해 말하는 것으로 보아 치유된 듯하다. 플로베르 스스로는 이 병을 단지 '신경발작'이라 불렀는데, 그의 사후 뒤 캉이 『문학회고록 Souvenirs Litteraires』에서 이 병을 '간질'이라 일컬음으로써 친구들의 눈살을 찌푸리게 했다. 간질인가? 히스테리인가? 아니면 둘 다인가? 분명한 사실은 이로 인해 플로베르의 일생이 달라졌다는 것이다.

사르트르는 1844년의 사건을 플로베르가 한 선택이라고 표현하였다. 어쨌든 그 이후 플로베르는 "병 덕분에 원하는 대로 시간을 보낼 수" 있었고, 그의 바람대로 "현실생활에 영원히 작별"을 고했다. 병이 그의 문제를 해결해 준 셈이었다. 당시 플로베르 집안은 크루아세에 집을 구입했고, 플로베르의 그 유명한 '크루아세의 곰' 생활이 시작되었다. 그가 그토록 원했던 문학에 전적으로 몰입할 수 있는 환경이 조성되었다.

1845년에는 『감정교육』을 완성하고, 1847년에 뒤 캉과 브르타뉴를 여행하고 함께 여행기를 썼다. 1849년 9월 『성 앙투완의 유혹』을 마쳤다. (플로베르는 『감정교육』이란 제목의 소설을 2번, 『성 앙투완의 유혹』은 3번 썼다. 1845년과 1869년의 『감정교육』은 몇 가지 유사성은 있으나 전적으로 다른 작품이다. 반면 1849년에 완성하고 1856, 1874년 두 번에 걸쳐 고쳐 쓴 『성 앙투완의 유혹』은 동일한 줄거리를 가지고 있다. 편의상 1845년의 『감정교육』을 가리킬 때에만 작품 뒤에 연도를 표시하기로 한다.) 그는 뒤 캉과 부이예를 크로아세로 불러 나흘에 걸쳐 『성 앙투완의 유혹』을 낭독했다. 친구들의 평가는 "원고를 장작더미 위에 던져버리고 더 이상 거론하지 말자."라는 가혹한 것이었다. 절망적인 평가였지만 곱씹고 있을 여유가 없었다. 뒤 캉과 함께 계획한 동방여행이 그를 기다리고 있었기 때문이었다.

『성 앙투완의 유혹』을 쓰면서 플로베르는 오랫동안 갈망해오던 동방여행을 준비하고 있었다. 따뜻한 날씨가 건강에 좋으리라는 이유로 어머니도 쉽사리 승낙해주었다. 1949년 말에서 1851년 초까지 뒤 캉과 함께 베이루트, 이집트, 예루살렘, 터키, 그리스 등지를 여행했다.

18개월 동안의 동방여행은 플로베르의 인생에 또 하나의 전기를 마련했다. 전적으로 새로운 토양과 풍경과 풍속으로의 여행은 자기 자신과 자신이 몸담고 있는 사회를 객관적으로 바라볼 수 있게 하고, 문학에의 열망을 운명으로 받아들이게 하는 기회를 제공했다. 그가 밀했듯이 여행이 끝날 즈음 그는 "전혀 다른 사람이 되어 있었다." 그 무엇보다 여행에서 돌아온 직후 1851년 9월 19일부터 쓰기 시작한 『마담 보바리』가 이 변화를 말해준다.

사랑

플로베르는 평생을 독신으로 살았다. 하지만 그는 정신적이고 낭만적 사랑에서 매춘부와의 사랑까지 그 모든 종류를 경험했고 분석했으며 글로 썼다. 플로베르가 죽은 후 조카 카롤린이 삼촌의 명예(?)를 해칠 수 있는 편지들을 많이 없애버렸음에도 불구하고 그의 편지들은 그가 사랑에 있어서 터부를 가지고 있지 않았음을 보여준다. 그는 당시 사회의 위선적인 성도덕을 조롱하고, 친구들과 외설스런 농담을 하면서 즐겼던 골족(the Gauls. 프랑스인의 조상으로 여겨지는 켈트계 민족)의 후예였다. 그는 부르주아 사회의 도덕이라는 것에 대해 항상 의문을 품어 왔다.

16세의 구스타브는 가족과 방학을 보내던 투르빌 바닷가에서 엘리자 쉴레젱제르라는 여인을 보고 첫눈에 사랑에 빠졌다. 11살 연상의 엘리자는 음악 출판사 사장의 아내로, 그의 사랑은 이루어질 수 없는 사랑이었다. 그녀에 대한 사춘기 플로베르의 사랑은 초기 자전적 소설들 속에 항상 흔적을 남기고 있고, 『감정교육』의 프레데릭 모로와 아르누 부인의 관계는 플로베르 자신의 경험과 닮은 점이 많다. 사춘기의 플로베르를 열병에 휩싸이게 했던 쉴레젱제르 부인은 평생 그에게 "마음 한구석에 있는 아름다운 방, 그 방 주위에 벽을 쌓아 올리지만 결코 없애버릴 수는 없는 우리 모두가 간직하고 있는 마음 한구석의 아름다운 방"과 같은 것이었다.

1846년은 플로베르에게 고통스런 해인 동시에 중요한 해였다. 사랑하는 아버지와 여동생을 동시에 잃은 해였지만 또 다른 사랑 루이즈 콜레를 만난 해이기 때문이다. 플로베르는 작고한 아버지의 흉상 제작을 위해 방문하던 조각가 프라디에의 아틀리에에서 그녀를 만났다. 엘리자와 마찬가지로 그보다 연상이었던 그녀는 당시 꽤 유명한 작가로 다른 작가들과 긴밀한 관계를 맺고 있었다. 그들은 즉시 연인이 되었고, 프랑스 문학사에 기념비적 서한집으로 남게 될 그 유명한 편지 왕래를 시작했다.

콜레에게 보낸 200여 편의 편지는 그들 간의 사랑과 갈등뿐만 아니라, 문학청년 구스타브가 어떤 과정을 거쳐 대작가 플로베르로 탈바꿈하는지를 생생하게 보여준다. 콜레는 그의 정열을 받아주는 아름다운 여인이었고 문학에 대해 토론할 수 있는 지적인 여자였다. 콜레에게 보낸 편지가 없었다면 『마담 보바리』가 있을 수 있었을까? 적어도 후세에 이 대작이 어떤 과정을 거쳐 창작되었는지 알 수 없었을 것이리는 점은 분명하다.

아름답고 지적인 여인 콜레는 정열적이었다. 그리고 그 '정열' 때문에 그들의 관계는 평온하지 않았다. 콜레는 끊임없이 그의 사랑을 확인하고 싶어 했다. 그런데 파리와 크루아세 사이의 거리 때문에 자주 만날 수 없었다. 게다가 플로베르는 글을 쓴다는 이유로 만남을 자주 연기했고, 루이즈는 그런 연인을 이해할 수 없었다. 외롭다고 쓰면 고독은 바로 우리의 글쓰기 작업을 위해 필요한 것이라고 답하는 연인을, 결혼 이야기를 꺼내면 다른 애인과 결혼하라고 진심으로 충고하는 연인을 누가 이해할 수 있었겠는가! 루이즈가 원했던 결혼은 플로베르 인생에는 존재하지 않았던 것이다. 그들의 갈등은 1848년에서 1851년 사이 절교라는 형식으로 표면화되기도 했다.

1854년 플로베르와의 관계가 결정적으로 끝날 즈음 콜레는 철학자 빅토르 쿠쟁이나, 뮈세, 비니 같은 다른 애인들도 만나고 있었지만, 그녀의 일기에 따르면 여전히 플로베르를 좋아하고 있었다. 이후 콜레의 애정은 애증으로 바뀐 듯, 1859년 플로베르를 공격하는 것이 여실한 『그 Lui』라는 소설을 발표했다. 플로베르는 콜레를 사랑했을까? 언젠가 그녀는 자기를 사랑하는지 솔직하게 말해달라고 요구

루이즈 콜레 초상화.

했다. 만약 사랑이 일생에 하나밖에 없는 것이어야 한다면, 그 대답은 '아니오'였다. 그러나 '기쁘게' 만나고 '절망 없이' 헤어질 수 있는 것을 뜻한다면 '예'였다.

루이즈 콜레와 많은 점에서 대비되는 플로베르의 여인은 줄리엣 허버트이다. 플로베르가 줄리엣에게 보낸 편지로 전하는 것은 없다. 플로베르가 줄리엣에게 한 번도 편지를 쓰지 않았다고 보기는 어려우므로 카롤린이 없애버린 것으로 보는 것이 더 정확할 것이다. 줄리엣은 1853년 카롤린의 영어 가정교사로 크루아세에 들어왔고, 1855년 경 플로베르의 애인이 되었다. 그녀가 영국으로 돌아간 이후 오랫동안 두 사람은 정기적으로 서로를 만나기 위해 영불해협을 건넜다. 결코 완성된 그림을 만들지 못한 채, 우리는 플로베르의 편지 이곳저곳에 암시되어 있는 정보들을 모아 이 관계를 다시 구성해 볼 수 있을 뿐이다. 확인할 수 있는 것은 말년까지 계속된 그녀와의 관계가 플로베르의 일생에서 가장 오래 지속된 연애였다는 점이다.

파리와 크루아세

플로베르에게는 '크루아세의 곰', '크루아세의 수도승'이라는 별명이 있다. 앞의 것은 스스로 붙인 것이고, 뒤쪽은 후세의 사람들이 붙여준 이름이다. 이 별명이 말해주듯, 플로베르의 일생은 평생 동안 크루아세에 칩거해 온종일 문장을 다듬고 닦은, 문학이라는 종교에 일행을 바친 수도승의 것으로 요약될 수 있다. 하지만 이 '곰'은 가끔씩 크게 움직였다. 1847년 브르타뉴를, 1849년 18개월 동안 동방을, 1858년 『살람보』를 위해 튀니지를 여행하기도 했다. 그 외에도 자료조사를 위해 혹은 기분전환을 위해 크고 작은 여행을 했다. 또 『마담 보바리』로 떠들썩하게 성공한 이후 일 년에 한두 달은 파리에 머물면서 문학계와 사교계를 출입하기도 했다.

파리에 머물 때 그가 자주 찾았던 모임은 마니 레스토랑에서 열렸던 모임이다. 그곳에서 그는 공쿠르 형제, 생트 뵈브, 텐느, 테오필 고티에, 투르게네프, 르낭 등을 만나 문학적·정신적 교류를 나누었고 그 교류는 때로는 인간적인 관계로 이어졌다. 또 매주 수요일 쿠르젤 거리의 마틸드 공작부인 집에서 열리는 저녁 연회에 참석하기도 했다. 루이 나폴레옹의

플로베르 생존 시 크루아세. 크루아세는 센 강변에 위치한 루앙 인근의 마을이다. 루이 16세 풍의 아름다운 이 건물은 플로베르 사후 허물어지고 지금은 왼쪽에 보이는 작은 건물만이 남아 있다.

사촌인 이 공작부인의 연회는 당시로서는 드물게 정치와 종교에 대한 의견들이 자유롭게 오고갔던 모임이었다. 플로베르와 공작부인은 약간의 연애감정이 섞인 우정을 끝까지 주고받았다.

황족은 아니었지만 아주 유명한 한 여인이 『살람보』 출판을 즈음해서 그의 친구가 되었다. 바로 조르주 상드였다. 20년이라는 나이 차 만큼이나 상드와 플로베르의 문학관과 정치관은 달랐다. 하지만 이 차이가 그들의 우정을 방해하진 않았다. 상드는 『살람보』와 『감정교육』이 비평가들로부터 혹평을 받을 때 그를 옹호해주었고, 경제적 어려움에 처한 말년의 그를 백방으로 도와주었다. 플로베르가 단편소설 「순박한 마음」을 쓴 것은 바로 상드를 위해서였다.

1866년부터 시작된 그들의 편지 왕래는 시간이 지나면서 점점 긴밀하고 진지해졌다. 크루아세와 노앙에 있는 서로의 집을 방문하여 가족들과 함께 지내기도 했던 그들은 아주 개인적인 문제도 털어놓을 수 있는 친구였다. 그들은 서로를 가리켜 늙은 음유시인이라 불렀다. 그러나 두 음유시인이 작품을 쓰는 방식은 너무나 달랐다. 왜 글쓰기가 그토록 어렵고 고통스러워야 하는지 이해할 수 없다는 상드의 편지에 플로베르는 답한다. 소설가는 자기 의사를 표현할 권리가 없다고. 신이 언제 자기 의사를 표현했던가? 사회적 신념이나 예술에 대한 관념에서 의견일치를 볼 수 없게 만들었던 두 작가의 차이는 오히려 그들이 주고받은 편지들을 흥미롭게 만드는 효소와 같은 것이었다.

1864년에서 1869년까지 비교적 빈번했던 파리 문학계와 사교계의 출입이 크루아세의 곰을 파리의 댄디로 만들지는 못했다. 파리 체류는 일 년에 한두 달이었고, 그나마도 많은 시간이 작품을 쓰는 데 바쳐졌다.

크루아세에서의 삶은 전적으로 '수도승'의 생활로 이루어졌다. 주제의 선택, 집필, 수정 과정에서 플로베르가 보여준 엄청난 양의 작업과 고뇌를 생각해보면, 글에 대한 그의 태도는 가히 종교적이라 할 만하다. 묘사된 내용의 정확성을 위해 강박에 이를 정도의 자료조사를 했고, 단 한 줄의 문장을 쓰기 위해서도 여러 날 고심하면서 원고를 읽을 수 없을 정도로 삭제와 수정을 거듭했다. 문장 하나를 바꿔놓을 때면 종종 여러 페이지를 다시 손보았다. 머릿속에 그려진 '관념'을 펜 끝에서 육화시키기 위해, 각각의 서술과 묘사가 완벽하게 스며드는 조화로운 전체를 위해, 자신의 필체를 보기만 해도 구역질이 날 때까지 문장을 조탁했던 플로베르의 삶은 고행자의 그것이었다.

그런데 플로베르의 이 '문체의 고통'이 너무 유명한 나머지 사람들은 중요한 사실을 잊어버리곤 한다. 그 고행의 끝에 전율과 흥분과 환희가 기다리고 있었다는 사실을 말이다. 며칠 동안 찾아 헤매던 문장의 물꼬가 트였을 때 그가 느꼈던 기쁨은 문체의 고통을 충분히 보상해주고도 남았다. 그의 표현을 빌리자면, 그는 "아침마다 비탄에 잠기고 저녁마다 열광"했다. 그는 "배에 상처를 입히는 거친 속옷을 사랑하는 고행자처럼 열광적이고 변태적인 애정으로" 자신의 일을 사랑했다.

크루아세의 고행자에게는 독특한 수행방법이 하나 있었다. 단어의 반복과 유사음을 없애고 최고의 리듬을 얻기 위해 "미친 사람처럼 소리 지르며" 문장을 읽으면서 글을 쓰고 수정하는 것이다. 그가 '고함치기(gueulades)'라고 부른 이 작업 방식 때문에 어떤 날은 물을 몇 병씩 마셔야 했다.

창문 너머 센 강이 흐르는 크루아세의 한적한 주택 2층 서재에서 그는 "맹수가 으르렁거리는 것처럼 쩌렁쩌렁한 동시

크루아세의 서재. 『마담 보바리』에서 『부바르와 페퀴셰』까지 플로베르의 전 작품이 태어난 작업실. 서재에는 다섯 개의 창문이 있었는데, 둘은 강을 향해 셋은 정원을 향해 나 있었다.

에 배우의 그것처럼 울리는 목소리"와 함께 작업했다. 그리고 일요일이면 '산파' 부이예 앞에서 또 다시 '고함치기'를 하면서 그의 의견을 듣고, 다음 작품을 구상하기도 했다. 그 순간이 플로베르에게는 무엇과도 바꿀 수 없는 소중한 시간들이었다.

1869년에서 1874년 사이는 특별히 힘든 해였다. 1869년 부이예, 그 뒤를 이어 차례차례 쥘 드 공쿠르, 어머니와 고티에, 유쾌한 친구 페도가 세상을 떴다. 개인적인 슬픔에 사회적인 악재도 겹쳤다. 보불전쟁과 파리 콤뮌, 뒤이은 정치적 반동기를 플로베르는 거의 악몽처럼 견뎌냈다.

안팎으로 불운한 상황이 한없이 그를 낙담시키는 중에서도 그는 그 특유의 느린 리듬으로 계속 글을 썼다. 1869년 『감정교육』을 출판한 이후 1874년에는 다시 쓴 『성 앙투완의 유혹』을, 1877년에는 『세 개의 짧은 이야기』를 출판했다. 1880년 5월 8일 그가 크루아세의 서재에서 뇌출혈로 쓰러졌을 때 그의 책상 위에는 1872년부터 매달렸던 『부바르와 페퀴세』 원고가 펼쳐져 있었다.

2장 — 플로베르와 『마담 보바리』
Gustave Flaubert

플로베르의 문학 세계

 신경발작과 동방여행은 플로베르 인생의 전환점이었다. 전자는 그에게 문학에 전념할 수 있는 '구실'을 주었고, 후자는 그 문학이 어떠한 것이어야 하는가에 대해 생각할 수 있는 기회를 주었다. 동방에서 그는 처음으로 프랑스 사회를 진지하게 고찰하기 시작했고, 자신의 문학행위를 문학사의 차원에서 객관적으로 바라볼 수 있는 기회를 가졌다. 1850년 콘스탄티노플에서 플로베르는 발자크의 사망 소식을 들었다. 그는 이 거장이 놀랍도록 명징하게 꿰뚫어보았던 한 시대가 그의 죽음과 함께 막을 내렸다고 선언했다. 이제 새로운 시대를 대변할 새로운 문학이 등장할 때가 된 것이다. 동방여행에서 돌아와 착수한 『마담 보바리』가 바로 이 새로운 문학의 시작을 알리게 된다.

낭만주의 영향

작가로서의 성공을 극화하기 위해 과장되어 전해진 이야기일 수 있겠지만, 플로베르는 아홉 살이 될 때까지 글을 깨우치지 못했다고 한다. 신동이란 소리를 듣진 못했지만, 그는 글 읽기와 쓰기를 좋아했다. 어른들이 들려주는 『돈 키호테』를 줄줄 외울 정도로 이야기를 좋아했고, 글을 깨우치고부터 다양한 종류의 글들을 습작했다. 어린 구스타브가 선호했던 장르는 연극이었다. 열 살도 되기 전에 여동생과 함께 시립병원 사택의 당구장에서 직접 쓴 희곡작품을 공연하기도 했다. 슈발리에에게 보낸 편지에 따르면, 학교에 들어가기 전에 이미 30여 편의 희곡을 썼다.

중·고등학교 시절에도 위고나 셰익스피어의 희곡작품을 탐독하고, 연극계의 소식을 전하는 교내 신문을 발간하고, 극작품을 꾸준히 창작했다. 그리고 이때부터 단편이나 소설도 즐겨 쓰기 시작했다. 바이런의 영향이 물씬 묻어나는 「느껴야 할 어떤 향기 *Un parfum à sentir*」「분노와 무기력 *Rage et impuissance*」「정열과 덕 *Passion et vertu*」과 같은 그로테스크하고 비도덕적인 주제를 담고 있는 단편들부터 자전적 소설인 『어느 광인의 회고록』과 『11월』, 『감정교육』(1969년 플로베르는 동명의 『감정교육』을 출판했다. 물론 몇 가지 유사성은 있으나, 두 소설은 전적으로 다른 작품이다)에 이르기까지의 다양한 경향의 글들을 꾸준히 썼다.

『마담 보바리』 이전의 작품들은 그 형태나 주제에 있어 낭만주의의 직접적인 영향을 받았다. 역사, 철학, 환상 계열의 단편과 역사극과 신비 드라마, 자서전적 소설 등 낭만주의의 전통적인 장르를 두루 섭렵하고 있고, 죽음, 광기, 절망, 도취, 괴물, 악마, 유혹, 이국 취향이라는 낭만주의가 애호하는 주제가 주를 이룬다. 물론 『마담 보바리』 이후의 작품에서도 낭만적 테마들은 계속된다. 『마담 보바리』에서 『감정교육』을 거쳐 『부바르와 페퀴셰』를 관통하고 있는 환멸이라는 주제 역시 낭만주의의 단골 메뉴가 아니던가? 그러나 비개인성의 미학과 더불어 테마를 다루는 방법은 전적으로 달라진다.

비개인성(impersonnalité) 소설미학

구스타브가 원했던 진정한 작가로서의 플로베르는 『마담 보바리』부터 시작된다. 그리고 이 작품과 더불어 소설 장르는 새로운 지평을 바라보게 되었다. 흔히 『마담 보바리』와 더불어 사실주의가 완성되고 자연주의가 시작되었다고 한다. 뿐만 아니라 플로베르가 열어 놓은 지평은 오히려 20세기에 와서 활짝 개화했다.

'구스타브'라는 한 문학청년을 '플로베르'라는 작가로 만든, 플로베르를 현대 문학사의 한 지표로 만든 『마담 보바리』는 비개인성이라는 소설미학이 없었다면 생각할 수 없는 작품이다. 물론 플로베르가 비개인성 미학 이론을 공식적으로 세운 적은 없다. 그러나 『마담 보바리』를 집필하던 1851년에서 1854년까지 루이즈 콜레에게 보낸 200여 통의 편지는 비개인성 미학의 보고서라 해도 과언이 아니다. 1849년의 『성 앙투완의 유혹』이 '실패'한 이유를 분석하면서, 작가인 연인에게 문학적 충고를 하면서, 낭만주의 대가들의 글쓰기를 비판하면서, 라블레·세르반테스·셰익스피어를 읽으면서 그는 비개인성의 소설미학을 만들어 갔다. 때로는 격정적으로 때로는 날카롭게 다양한 방식과 용어로 표현된 비개인성의 미학을 요약하자면 다음과 같다.

너의 눈물과 생각을 보이지 말라

비개인성이란 한마디로 작품 속에 소설가의 존재를, 그 개성을 드러내지 않는 것을 의미한다. 독자에게 작가의 개성을 강요하는 방법에는 두 가지가 있을 수 있다. 첫째, 작가의 기쁨, 슬픔, 분노의 감정을 작품에 드러내는 것이다. 낭만주의 작가들이 유감없이 보여주었던 심정의 서정적 토로에 대해 플로베르는 "예술을 속내 이야기나 털어 넣는 요강"으로 간주하는 것이라고 신랄하게 비판했다. 둘째, 작가가 작품 속에 자신의 정치, 종교, 철학적 의견을 표명한다거나 이러저러한 사건에 대해 자신의 판단을 드러내는 것이다.

이처럼 비개인성 소설미학은 서정적 낭만주의와 사회적 낭만주의의 글쓰기에 대한 거부라고 할 수 있다. 플로베르에 따르면 서정적 낭만주의는 '심정의 거품'으로 문학을 만들고, 사회적 낭만주의는 문학을 정치 연단으로 만든다. 뮈세나 상드, 위고 등으로 대표되는 낭만주의자들은 좋은 감정, 좋은 마음만 있으면 훌륭한 글을 쓸 수 있다고 무의식적으로 생각하고 있었다는 것이다.

플로베르는 위대한 작가는 자신의 개성을 폐기할 줄 아는 작가라고 말한다. 그것은 대상이 되고 있는 인물의 개성과 정열에 동화되기 위해, 그 속으로 들어가기 위해 필요한 포기였다. 비개인성은 주체와 대상이 마치 삼투압작용처럼 자유롭게 왕래하는 화학작용에 비유할 수 있다. 플로베르는 말한다. "비개인성은 힘의 표시라는 것을 기억해요. 대상을 흡수하여 그것이 우리 안에 돌아다니고 다시 외부로 나타나도록 해야 합니다(이 놀라운 화학작용은 잘 이해되지 않을 겁니다)."

작가는 자아의 표층적인 특수성을 거부하고 작품 속에서 사라져야 하지만 이는 어디에나 나타나기 위해서이다. 작품과 작가의 관계는 조물주와 세계와의 관계와 같아야 한다. 신은 자신이 창조한 세계에 대해 의견을 표명하지 않는다. 조물주는 모든 것을 창조하지만 그의 흔적은 어디서도 느낄 수 없다. 아니 어쩌면 모든 것에 누구도 흉내낼 수 없는 그의 흔적이 새겨져 있기 때문에 그것이 조물주의 것인지 모르는 것은 아닐까. 그래서 '너 자신을 드러내지 말라.'며 겸손을 권하는 이 충고는 사실 '그리하여 너는 조물주가 되라.'는 오만한 권유이기도 하다.

특수성이 아니라 일반성, 꼼꼼한 퇴고, 정확성을 강조하는 비개인성 미학은 고전주의 미학을 연상시키기도 한다. 사실 랑송(Lanson) 같은 비평가는 플로베르에게서 부알로(Boileau)의 제자로서의 면모를 보았고, 플로베르 역시 고전주의 미학의 이론가 부알로를 높이 평가하기도 했다. 특히 낭만주의와의 내적·외적 투쟁시기라고 할 수 있는 1846년에서 1853년 사이, 플로베르는 "부알로를 참고하자."는 말을 자주 했다. 하지만 플로베르에게 부알로가 의미 있었던 것은 그의 원칙들이 낭만주의의 과장과 부정확함이라는 독소를 제거해줄 수 있는 차원에서였을 뿐이다. 고전주의 미학이 19세기 문학에는 지나치게 꽉 죄는 신발이라는 것을 그는 누구보다도 잘 알고 있었다. 비개인성의 미학이 요구하는 정확성과 보편성은 고전주의 미학과 이어진다기보다는 과학의 세례를 받은 19세기 문학정신과 연결된다.

과학적 시선

19세기, 과학정신은 모든 영역에 파고들었고 문학도 예외가 아니었다. 소설가에게 박물학자의 임무를 부여했던 발자크에서 소설을 사회 연구의 실험실로 삼고자 했던 졸라에 이르기까지 근대 프랑스 사실주의 작가들은 모두 당대의 과학으로부터 영감을 받았다. 플로베르 역시 끊임없이 문학이 과학의 방법을 따를 것을, 과학적이 될 것을 강조했다. 문학이 과학적인 방법을 따른다는 것은 무엇을 의미하는가?

과학적 관찰은 대상에 대한 정확하고 방대한 자료조사에서부터 시작된다. 소설의 대상이 더 이상 상상적인 이국의 자연이나 소설가의 자아가 아니라, 소설가 외부 현실에 존재하는 것이 되면서 자료조사는 필수적이 되었다. 플로베르, 공쿠르 형제, 졸라 등 사실주의 작가들이 했던 자료조사는 그들 이전의 작가들은 알지 못했던 작업이었다. 플로베르에게는 '자료조사파의 창시자'라는 이상한 별명이 있는데, 그 이유는 플로베르의 자료조사가 유난했기 때문이다. 그 일례를 『감정교육』에서 찾아볼 수 있다. 1848 혁명 장면은 길거리 행인의 모자까지도 역사적 고증을 거친 후 완성되었다. 공쿠르 형제는 거의 강박적이기까지 한 이러한 태도에 대해 "플로베르는 이쑤시개를 하나 만들기 위해 숲 전체의 나무를 벤다."고 조롱조로 적고 있다.

편집증적이기까지 한 플로베르의 자료수집과 엄청난 양의 독서는 단순히 사실주의적 정확함을 위한 것은 아니었다. 플로베르는 작품 속에서 신처럼 존재하기 위해서 작가는 모든 것을 알아야 한다고 생각했다. 이 요구가 그를 끝없는 자료조사와 독서로 내몰았다. 사실 제시에 있어 어떤 거짓이나 서투름이 없는, 가장 정확한 언어로 만들어진 세계는 바로 조물주가 만든 세계처럼 완벽한 것이 될 것이다. 플로베르가 최종적으로 원했던 것은 바로 이 완벽함에서 나오는 아름다움이었다. 그리고 아름다움만이 꿈꾸게 할 수 있다. "예술에 있어 나에게 가장 고귀한 것(또 가장 어려운 것)으로 보이는 건 …… 우리를 꿈꾸게 만드는 것이오. 저 자연처럼 말이지." 그러므로 플로베르가 원했던 것은 동시대의 사실주의 작가들이 목표로 삼고 있는 현실의 충실한 재현이 아니라 새로운 세계의 창조였다. 그들에게 현실이 최종 목표였다면 플로베르에게 현실은 '도약판'이었을 뿐이다.

발자크—플로베르—졸라로 이어지는 프랑스 리얼리즘 작가들은 과학적 모델을 원용했다. 하지만 그 방법은 서로 달랐다. 죠프루아 생 틸레르의 박물학에 영향을 받았던 발자크는 과학의 논증적이고 증명적인 측면을 강조했다. 생 틸레르가 공룡의 가슴뼈 하나로부터 공룡 전체를 재구성했듯이, 발자크 역시 전형적인 인물들로부터 전 프랑스 사회를 재현해

내고자 했다. 클로드 베르나르의 이론에 영향을 받았던 졸라는 과학의 실험적 성격에 강조점을 주었고, 생리학 이론들을 차용했다.

반면 플로베르에게 과학이 중요했던 것은 개인적 감정이나 정치·도덕적 편견으로부터 자유로운 과학의 '불편부당하고', '무감동한' 시선 때문이었다. 플로베르는 끊임없이 말한다. 설교하려 들지 말고 '보여주라'. 이야기하려 하지 말고 '재현하라'. 설득하려 하지 말고 '제시하라'.

플로베르의 현실 묘사가 발자크와 스탕달의 그것과 근본적으로 다른 이유는 바로 이러한 태도, 감동받지 않는 시선, 비개인성의 시선에 있다. 아우엘 바흐는 '객관적 심각성'이란 용어로 이 점을 지적했다.

> 플로베르는 당대의 생활에 대해 이전 작가들, 특히 발자크와 스탕달과 다른 새로운 태도를 보여주었다. 우리는 그것을 간단히 객관적 심각성이라 부를 수 있을 것이다. 객관적 심각성은 인간 삶의 격정과 얼크러짐을 밑바닥까지 꿰뚫어보려고 한다. 그러면서도 그 자신은 감동하지 않고 또는 감동한다는 표시를 드러내지 않고 냉정함을 유지한다. 그는 이 태도를 통하여—외치지 않고 움직이지 않고 성찰의 눈길 이외의 아무것도 가지지 않고—언어로 하여금 관찰 대상의 진실을 표현하게 한다.

무감동한 성찰의 눈길, 객관적 심각성, 즉 비개인성의 미학에 의해 플로베르는 발자크적 전통을 넘어섰다. 플로베르의 탈발자크화에 대해 최초로 진지하게 주목하고 그로부터 새로운 글쓰기의 모델을 발견한 사람은 졸라였다. 졸라는 플로베르가 『마담 보바리』와 함께 소설 예술의 정상에 이르렀다고 지적했다. 그런데 플로베르는 자신을 높이 평가한 졸라에 대해 결코 후한 점수를 주지 않았다. 가끔 그의 재능을 인정했으나 졸라를 비롯한 자연주의 작가들이 언어에 관심을 기울이지 않는다는 점, 아름다움에 대해 소홀히 한다는 점에서 그들을 근본적으로 인정해줄 수 없었다. 이 점에서 플로베르의 소설관은 사실·자연주의를 넘어 현대소설의 문제의식과 연결된다.

"그 무엇에 관해 이야기하는 것이 아닌 책(livre sur rien)"

　19세기 말에서 20세기 초반 예술 전반에 큰 변화가 일어났다. 예술은 자신의 존재 이유를 외부가 아니라 내부에서, 즉 예술 그 자체에서 찾게 되었다. 다시 말해 모든 예술 장르에서 '이야기'가 사라져가게 되었다. 캔버스는 더 이상 그리스·로마 신화나 성서의 이야기, 역사적 사건을 재현하기 위해서가 아니라 색과 선을 위해, 음악 역시 음 그 자체를 위해 존재한다는 인식이 생겨났다. 회화에서는 추상미술이, 음악에서

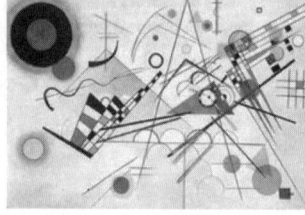

들라크루와 「사르다나팔의 죽음」(1827), 세잔 「생트-빅투와르」(1904~1906), 칸딘스키 「구성Ⅷ」.

는 추상음악이 시작되었다.

회화가 구상에서 추상으로 넘어가는 중간 지점에 인상주의가 놓여 있다. 이 인상주의를 통해 이야기가 사라져가면서 색이 전면에 부상하게 된다. 들라크루와가 사르다나팔의 죽음을 보여주기 위해 색을 사용했다면, 세잔은 푸른색을 위하여 생트-빅투와르 산을 이용했다. 칸딘스키에 이르면 색과 선만이 남게 된다.

프루스트는 회화에서 인상주의가 이룬 것을 플로베르가 문학에 가져왔다고 언급했다. 즉 플로베르로부터 '이야기'보다는 이야기하는 '언어'에 주목하게 되었다는 것이다. 플로베르의 유명한 "그 무엇에 관해 이야기하는 것이 아닌 책(livre sur rien)"의 의미도 이러한 맥락 속에서 이해될 수 있다. 1852년 1월 『마담 보바리』가 막 닻을 올렸을 때 플로베르는 자신이 꿈꾸는 책에 대해 다음과 같이 이야기한다.

> 내게 아름답게 보이는 것, 내가 쓰고 싶은 것, 그것은 이런 거라오. 그 무엇에 관해 이야기하는 것이 아닌 책, 지구가 무엇으로 지탱되지 않으면서도 대기에 떠 있는 것처럼 문체의 내적 힘만으로 지탱되는 책, 거의 주제를 가지지 않는 책 혹은 적어도 주제가 거의 눈에 띠지 않는 책, 이런 책 말이오. 그것이 가능하다면 말이지. (중략) 나는 예술의 미래는 이러한 길속에 있다고 믿소. (중략) 바로 그렇기 때문에 아름다운 주제도 존재하지 않고 나쁜 주제도 존재하지 않는 거요. (중략) 문체(style)만이 오로지 사물을 보는 절대적인 방식이니까.

발레리가 지적했듯이, 사실 그 무엇에 대해서도 이야기하지 않는 책이란 불가능하다. 음악의 음이나 미술의 색과 달리 문학의 재료인 언어의 특성상 그것은 불가능하다. 그렇다면 "그 무엇에 관해 이야기하는 것이 아닌 책"이란 것으로 플로베르가 말하고자 한 것은 무엇이었을까? 그것은 주제의 아름다움에 의해서, 즉 이야기하는 내용에 의해서가 아니라, 내용과 형식의 완벽한 일치에 의해, 플로베르의 표현을 따르자면 "주제가 거의 없이 문체에 의해 스스로 지탱되는 책"을 말한다. 플로베르가 "문학에 있어서 아름다운 주제란 존재하지 않는다. 평범하기 짝이 없는 시골의 작은 마을도 콘스탄티노플과 마찬가지의 가치를 지니고 있다."라고 한 것은 바로 이러한 맥락에서이다. 그가 아름다운 심정만 있으면 멋진 글이 나온다고 생각하는 낭만주의자들의 글쓰기의 관행을 비판한 것도 같은 이유에서이다.

플로베르가 문체라고 명명한 것은 단지 수사학과 관계된 것만이 아니다. 수사학은 물론이고 단어, 문장, 에피소드들의 선택과 배열 등 작품을 이루고 있는 구조와 내용의 밀접한 관계를 일컫는 용어이다. 문체의 힘만으로 지탱되는 책, '그 무엇에 관해 이야기하는 것이 아닌 책'의 개념은 문학의 자율성, 문학의 자동사적 성격, 언어 예술로서의 문학이라는 생각을 함의하고 있고, 이는 문학에 대한 현대적 인식의 시작을 알리는 것이었다. 플로베르는 이를 "하나의 보는 방법"이라 명명했다. 이 방법을 얻기 위해 플로베르가 어떤 노력을 했는지 이제 우리는 잘 알고 있다.

『마담 보바리』에서 『부바르와 페퀴셰』까지

『마담 보바리』에서 『부바르와 페퀴셰』에 이르는 플로베르의 작품을 분류하기란 쉽지 않다. 각 작품의 경향은 다양하다 못해 이질적이기까지 하다. 그럼에도 불구하고 『마담 보바리』 『감정교육』 『부바르와 페퀴셰』와 같이 당대를 배경으로 한 사실주의적 경향의 작품과, 『살람보』『성 앙투완의 유혹』과 같이 먼 과거를 배경으로 한 작품으로 나누어볼 수 있다. 물론 이러한 분류는 편의를 위한 것일 뿐이다. 사실 『마담 보바리』가 『살람보』보다 『부바르와 페퀴셰』에 반드시 가깝다고 할 수 없기 때문이다. 그러므로 개성이 강한 각 작품의 차이점보다는 차라리 공통점을 찾는 것이 더 편할 텐데, 그것은 바로 작품이 모두 비개인성이라는 소설미학 없이는 가능하지 않았다는 점이다.

플로베르는 당대와 과거를 배경으로 하는 작품을 번갈아가며 썼다. 1849년의 『성 앙투완의 유혹』과 달리 『마담 보바리』가 플로베르에게 벌로 주어진 숙제처럼 힘들었던 이유는 부르주아 사회라는 소재 때문이기도 했다. 19세기 부르주아 사회의 편협함이 그의 숨통을 막았던 것이다. 『마담 보바리』를 절반 정도 썼을 때, 그는 이미 "위대하고 화려한 것, 전투장면, 포위공격, 전설적인 옛 동양에 대한 묘사"를 꿈꾸고 있었다. 사실상 19세기 노르망디 시골 이야기를 끝내자마자, 기원전 4세기의 카르타고를 배경으로 한 『살람보』(1857-1862) 제작에 들어갔다. 거대하고 화려한 환영과도 같은 『살람보』를 쓰면서 해갈이라도 한 듯, 그는 곧 이어 "우리 세대의 정신의 역사"인 『감정교육』(1864~1869)에 착수했다. 『감정교육』을 끝내고는 다시 현란한 이미지와 상징, 기괴한 형상과 유혹의 목소리가 소용돌이치며 범람하는 『성 앙투완의 유혹』(1869~1874)의 개작에 돌입했다. 기원 4년의 테베사막을 떠나자 그는 다시 당대로 돌아와 『부바르와 페퀴셰』(1872~1880)를 쓰기 시작했다. 이처럼 플로베르는 현대사회를 주제로 하는 소설과 이국적이거나 철학적인 주제를 번갈아가며 다루었다. 갑자기 '불가능한 작업'처럼 보인 『부바르와 페퀴셰』를 중단하고 자신을 '위로하기 위해' 쓴 『세 개의 짧은 이야기』(1875~1877)의 시간적 배경이 각각 기원 1세기, 중세, 19세기라는 점은 흥미롭다. 그의 말대로 동시대의 '잿빛' 단조로움을 과거의 '주홍빛' 현란함으로 해독(解毒)하지 않고는 견딜 수 없었던 모양이다.

고대 카르타고의 신들과 종교의식, 이국 취향과 기묘함, 환상처럼 펼쳐지는 전쟁의 잔인함으로 독자를 마비시키는 『살람보』와 인간이 경험할 수 있는 모든 유혹의 파노라마를 하룻밤 사이에 펼치며 독자의 현기증을 불러일으키는 『성 앙투완의 유혹』은 분명 젊은 시절 플로베르의 낭만적 취향을 엿보게 한다. 하지만 비개인성 미학의 요구는 이 낭만적 꿈들을 변증법적으로 발전시켰다. 개인적인 꿈을 재료로 삼으면서 박학(博學)으로 그 꿈을 가공하고 우회시켰다. 유럽 문화에 낯선 고대도시를 재현하기 위해 작가는 수많은 역사서를 참고했고, 직접 카르타고를 방문했다. 푸코가 '환상적 도서관'

이라 부른 『성 앙투완의 유혹』은 온갖 종류의 신화와 종교 관련 서적, 생리학과 기형학 등의 서적으로부터 나왔다. 푸코의 지적처럼 『성 앙투완의 유혹』뿐 아니라 『살람보』에서 플로베르는 폭넓고 세밀한 지식에 속하는 것을 광란하는 상상의 생동감으로 재현했다. 『살람보』에 대해 플로베르는 "현대 소설 방법을 고대에 적용시키면서 일종의 신기루를 고정시키고"자 했다고 고백했다. 또한 1849년의 원고에 비해 1874년의 『성 앙투완의 유혹』은 간결하고 압축된 형태를 보여준다. 영감 또한 훨씬 지적이고 학문적인 것이 되었다. 서정적 토로에서 정확함과 간결함으로 확장에서 압축으로의 전환이 이루어졌다.

『감정교육』과 『부바르와 페퀴셰』에서도 비개인성의 요구들이 더욱 철저하게 적용된다. 1848세대의 정신의 역사인 『감정교육』을 위해 그는 자기 세대에 영향을 주었던 사상가들, 콩트·푸리에·프루동·라므네 등의 저서들을 다시 처음부터 꼼꼼히 읽기 시작했다. 사실 플로베르가 동시대의 역사에 진심으로 관심을 기울이고 연구하기 시작한 것은 『감정교육』을 시작한 1864년부터이다. 또 1848년 혁명을 정확하게 재현하기 위해 참고한 당시의 출판물, 역사서와 회고록, 신문, 체험자의 증언의 양은 상상을 초월한다. 한편, 세상의 지식이란 지식은 모두 섭렵하며 끝없이 실패를 거듭하는 두 주인공의 이야기인 『부바르와 페퀴셰』를 위해 그가 도서관이나 친구들에게 빌려 읽은 책은 무려 1,500권이나 된다. 두 주인공이 읽은 수없이 많은 책은 바로 작가가 읽은 책이기도 하다. 플로베르만큼 소설이 지적 작업의 결과라는 것을 보여주는 작가도 드물다.

형식적인 면에서도 『감정교육』과 『부바르와 페퀴셰』로 갈수록 『마담 보바리』에서 이미 그 징후가 나타났던 현대소설의 특징들이 본격적으로 드러난다. 『마담 보바리』까지만 하더라도 독자는 느리고 반복적이긴 하지만 기승전결이 있다는 느낌을 받았다. 엠마가 경험한 사건들이 그녀의 삶에 요동을 일으키고 결국 그녀를 자살하게 만든다. 그러나 주인공의 사랑 이야기와 1840년대 파리의 정치적 동요를 두 축으로 하여 진행되는 『감정교육』에서는 극적인 사건이라 여길 만한 것은 없어지고, 인물들의 심리가 인과관계에 의해 제시되지 않으며, 각 에피소드 간에는 연관성이 없어 보인다. 소설은 원인과 결과의 숨 가쁜 이어짐으로 절정을 향해가며 호기심을 유발시켜 독자로 하여금 다음 장면을 기대하게 만들지 않는다. 『감정교육』의 독자는 어떤 사건도 제대로 시작되지 않을 뿐만 아니라 시작되었다 하더라도 끝은 어디로 가버렸는지 알 수 없는 느낌을 받는다. 무수한 사건이 일어났음에도 불구하고 사건다운 사건이란 결국 일어나지 않은, 결국 '아무 일도 일어나지 않은' 소설인 셈이다.

이 '소설답지 않은' 소설이 1869년 출판 당시 비평가들과 독자들로부터 환영을 받았을 리 만무하다. 플로베르는 소설이 호평 받지 못한 이유를 이 소설이 '중심과 절정'이 없고 '피라미드'를 만들지 않았기 때문에, 한마디로 독자들을 편안하게 해줄 '원근법이라는 거짓말'을 사용하지 않았기 때문이라고 진단했다. 그런데 소설적인 재미의 부재(不在)는 '있는 그대로의 인생을 보여'주고자 한 이 작품의 목적 그 자체에서 비롯된 것이지, 수정해야 할 결함은 아니었다. 인생은 소설이 아니다! 인생을 있는 그대로 보여주고자 한 소설가의 의지와 노력은 결국 소설 속에서 소설적인 요소를 배제하는 결과를 낳았다.

물론 플로베르 이전의 작가들도 있는 그대로의 삶을 재현하려 했다. 그런데 그들에게 '있는 그대로의 삶'은 바로 기승전결이 분명한 총체적인 어떤 것이었다. 플로베르에 이르러 삶에 대한 이러한 감각과 관념이 흔들리기 시작한다. 모든 것을 합리석으로 설넝할 수 있다는 확신이 흔들리고 있는 것이다. 이 흔들림은 뉴튼의 물리학과 유클리드기하학이 지배하는 시대에서 비유클리드기하학과 상대성이론이 생겨나는 시대로 이동하는 과정과 관계된 것으로, 플로베르 개인만이 아니라 시대 전체가 경험하기 시작했다. 플로베르는 이를 '선구적'으로 감지하고 형상화했던 것이다. 『감정교육』이 보여주는 극적 요소의 포기, 심리적 일관성이 결여된 인물, 현실의 불연속적인 장면으로의 파편화 등 동시대 대부분의 독자들이 '결함'으로 간주했던 이 소설의 특징은 바로 19세기 중반기부터 시작된 새로운 패러다임을 형상화하기 위한 방법이었다.

『부바르와 페퀴셰』는 『마담 보바리』에서 시작하여 『감정교육』에서 심화된 특징들을 극단적으로 밀고나갔다. 부바르와 페퀴셰는 모든 것에 통용될 수 있는 절대적인 체계를 찾고자 온갖 학문에 입문하나 매번 실패한다. 기다림—실현—환멸이라는 『마담 보바리』의 순환구조가 『부바르와 페퀴셰』에서는 각 장에서 반복된다. 게다가 이야기가 진행될수록 소설적 요소들도 사라지고, 두 인물이 읽은 책을 최소한의 서술로 인용하거나 요약할 뿐이다. 더구나 독자는 소설 속에서 말하는 사람, 즉 시점이 누구의 것인지 점점 알 수 없게 된다. 예를 들어 '파괴될 수 없는 미는 반드시 존재한다. 다만 그 기원이 신비로워서 우리가 그 법칙을 알지 못할 뿐이다.'라고 말하는 것이 화자인지, 인물인지, 아니면 인물이 읽었던 책의 내용인지, 그 내용에 대한 인물의 해설인지 아니면 화자의 해설인지 독자는 알 수 없다. 더구나 독자는 두 주인공이 바보인지 아니면 작가를 대변하는지조차 알 수 없게 된다. 동일한 맥락에서 오랫동안 비평가들조차 이 소설이 형편없는 작품인지 아니면 작가가 원했던 것처럼 '예술의 극치'를 이루어 내었는지에 대해 평가할 수 없었다. 분명 『부바르와 페퀴셰』는 플로베르가 오랫동안 꿈꾸어 왔던 작품, 독자에게 어떤 확신도 주지 않음으로써 불안과 의심에 사로잡히도록 만드는 작품임에 틀림없다. 그리고 지금까지도 문학 비평이 완전히 이해하지 못한 수수께끼 같은 작품으로 남아 있고, 프랑스 소설사에서 가장 독창적인 시도로 간주되고 있다.

『마담 보바리』 인물 분석

엠마 보바리(Emma Bovary)

부유한 농부의 딸이자 부르주아 자녀를 위한 수도원의 기숙생, 시골 의사의 아내, 한 딸의 어머니, 작은 성을 가진 바람둥이 독신남의 정부, 미래의 공중인의 정부인 『마담 보바리』의 여주인공 엠마는 평범한 삶에 만족하기에는 너무나 열정적인 여인이다. 하지만 진부한 현실에서 벗어나려고 하면 할수록 그녀는 실망한다. 현실을 벗어날 수 없다는 사실을 고통스럽게 확인했을 때 그녀에게 남은 것은 죽음밖에 없었다.

'다른 곳'에 대한 갈망

엠마는 열정적인 기질을 타고났다. 게다가 어린시절 평온한 시골 생활을 한 탓에 그녀는 오히려 격정적이고 파란만장한 것들에 끌리게 되었다. 오로지 폭풍우 때문에 바다가 좋았던 것처럼 어린 엠마의 관심을 끄는 것은 언제나 격정에 휩싸인 예외적인 인생이었다. 수도원 기숙사에서의 생활은 그녀의 낭만적 성향을 더욱 고취시켰다. 엠마는 수도원의 향내와 기도문의 긴 서정적인 메아리에 취했다. 특히 그녀의 상상력은 당시 몰래 숨어서 읽었던 낭만주의 계열의 작품으로 부풀어 올랐다. 그녀는 이 소설들이 보여주는 인위의 세계를 현실로 간주했다. 이후 엠마는 자신의 삶을 소설, 그것도 모든 것이 아름답고 멋진 꿈의 세계로 만들고자 한다. 그로부터 불행이 시작된다.

끊임없이 엠마는 누군가를 닮고자 하는 욕망을 느낀다. 그 대상은 대부분 책 속의 인물이거나 파리라는 텍스트였다. 수도원에서 그녀는 잔 다르크가 되고 싶었고 떠들썩한 사랑으로 역사에 남은 여인들을 동경했다. 토트에서 그녀는 귀부인처럼 살고 싶었고, 용빌에서는 파리의 여인들처럼 자유롭고 우아하고 싶었다. 종교적 열기에 사로잡혔을 때는 성녀가 되고 싶었다. 용빌 숲에서 로돌프와 첫 정사 후 그녀가 기쁨에 벅차올랐던 것은 예전에 읽었던 책속의 불륜의 사랑에 빠진 서정적인 여자들의 무리 속에 자신이 속하게 되었다는 사실 때문이었다. 또한 두 번째 정부가 될 레옹의 유혹에 그녀가 무너진 것은 "파리에서는 흔히 있는 일"이라는 그의 한마디 때문이었다.

스스로를 끊임없이 이상화시키는 엠마는 단조로운 '지금, 여기'의 현실에 미지의 '다른 곳'을 대립시키고, 그곳으로 탈출하고자 한다. 결혼은 지겨운 시골 농장으로부터의 탈출을 의미했다. 그녀가 원했던 한밤중에 횃불을 밝혀 든 결혼식은 소와 닭의 농장 탈출을 꿈처럼 장식해 주었을 것이다! 토트에서 따분해진 그녀는 결국 남편을 설득해 용빌로 이사한다. 용빌에서 그녀는 로돌프와 함께 이탈리아로의 도피를 꿈꾼다. 그 꿈이 무산된 후 엠마는 새로운 애인을 만나러 매주 루앙으로 승합 마차 '제비'를 타고 간다.

엠마가 꿈꾸는 '다른 곳'은 공간적인 것일 수도 있고 정신적인 것일 수도 있다. 로돌프에게 버림받고 난 엠마는 종교적 열정 속으로 도피한다. 그 곳은 "현세적인 행복 대신에 보다 큰 지복들이 존재하고, 여러 가지 사랑을 초월하는 또 하나의 사랑이, 중단도 없고 끝도 없고 영원히 커지는 사랑이 존재하는" 곳이었다. 종교는 현실로부터 도피하는 또 하나의 방법이었던 것이다. 그녀에게 불륜은 육체적 욕구의 만족이라기보다 비일상과 비현실을 가능하게 해주는 것이었다. 불륜은 바로 책에서 읽었던, "모든 것이 정열이고 희열이고 도취인 그 멋진 무언가 속으로" 들어가는 방법이었다. 소설이 만들어낸 상상적인 것 속에 갇힌 엠마는 현실의 이방인으로 남는다.

꿈을 배반하는 현실

엠마의 바람과 달리 그녀의 결혼식은 지극히 평범하고 통상적으로 치러졌다. 시골 사람들이 몰려와 떠들썩하게 먹고 마신, 횃불을 밝힌 결혼식의 꿈을 무참하게 비웃는 이 현실의 결혼식은 엠마의 꿈이 밟게 될 환멸의 여정을 이미 예고하고 있었다.

엠마가 결혼 생활에 실패한 것은 단지 평범하고 둔한 남편 때문이었을까? 사랑을 느꼈다고 생각하고 엠마는 맨처음 청혼한 남자와 결혼했다. 하지만 결혼은 그녀의 낭만적 향수도 관능도 만족시켜주지 못했다. 로돌프는 그녀의 관능을 일깨우고 활짝 피어나게 했다. 하지만 그와 도주하고자 하는 꿈 때문에 이 행복은 깨어지고 만다. 레옹과의 관계에서도 엠마는 더욱 거센 정념으로 뜨거워졌지만 결국 "간통 속에서 결혼생활의 진부함을 그대로 발견하고 있었을 뿐"이다. 불륜이 진부해져갈 때 엠마는 심각하고 파멸적인 낭비벽 속으로 도피하거나 밤새워 "피비린내 나는 상황과 음란한 장면으로 엮어진 엽기적인 책" 속으로 도피하는 수밖에 없었다.

엠마가 사내아이를 낳았다면 그 아이가 도피처가 되었을지도 모른다. 그녀는 "끊임없이 금지와 마주치는" 여성이라는 자신의 상황에 앙갚음이라도 하려는 듯 사내아이를 원했다. "남자로 태어나면 적어도 자유로울 수 있는 것이다. 온갖 정념의 세계, 온갖 나라를 두루 경험할 수 있고 장애를 돌파하고 아무리 먼 행복이라 해도 붙잡을 수가 있다." 그러나 엠마는 딸을 출산했고, 그 사실을 안 순간 기절해 버렸다. 현실은 그녀의 바람에 응답하지 않았다.

고통스런 통찰

가끔 엠마는 현실과 자신의 꿈 사이에 놓인 간극을 정면으로 바라본다. 종교적 열정에 사로잡혔을 때 그녀는 종교가 제시하는 지극히 순수한 세계라는 것이 결코 자신을 위해 만들어지지 않았다는 것을 느낀다. 그러나 이 순간은 스치듯 지나갈 뿐이다. 루앙에서 오페라를 관람하면서 그녀는 어느 순간 허구와 자신의 삶 사이에 놓인 거리를 확인한다. 예술이 과장해 보여주는 정열이 사실은 얼마나 보잘것 없는 것인가를 이미 경험했던 것이다. "그래서 엠마는 자신이 맛본 고통의 그 같은 재현이 한갓 눈에 즐거울 뿐인 조형적 환상이라 생각하려고 노력했고 심지어 경멸이 깃들인 연민의 미소까지 짓고 있었다." 이 순간 그녀는 분명 허구의 세계에서 벗어나 있다. 하지만 곧 그녀는 매력적인 테너의 모습과 감미로운 그의 목소리에 매료되어 그의 연인이 된 자신을 그리기 시작한다.

간통이 일상이 되기 시작할 무렵 엠마는 사랑을 하고 있는데도 왜 행복하지 않은지 자문한다. 그리고 꿈의 허망함과 삶의 근본적인 '충분하지 못함'에 대해 감지한다. 하지만 현실의 불충분함에 대한 인식은 그녀를 현실과 타협하게 만들기보다는 현실에 완전히 등을 돌리게 만든다. 엄마가 된다는 사실에 부풀었다가 원하는 대로 비용을 들여 출산준비를 할 수 없게 되자 모든 것을 선택도 흥정도 하지 않고 바느질하는 여자에게 맡겨버렸듯이 말이다. 엠마는 꿈이 실현 불가능해 보이면 그 꿈을 접고 현실에 적응하는 것이 아니라 극단적인 파괴를 선택한다. 엠마는 불륜이라는 죄를 뉘우치면서 혹은 명예를 회복하기 위해 죽은 것이 아니라, 단조로운 일상과 불가능한 이상을 혐오하면서 죽어갔다. 현실은 엠마를 포기시키지 못한다. 단지 그녀를 파괴시킬 뿐이다.

샤를르 보바리(Charles Bovary)

세월이 흘러 그 누구의 기억에도 남지 않을 평범한 학생, 결혼 피로연에서조차 빛이 나지 않는 밋밋한 신랑, 아내를 사랑하지만 아내가 어떤 사람인지 무엇을 원하는지 전혀 눈치채지 못하는 남편, 사랑하는 이의 죽음을 견디기 위해선 죽을 수밖에 없는 인간, 이것이 바로 엠마의 남편 샤를르이다. 엠마에게 참을 수 없는 남편이었던 샤를르는 그러나 소설의 마지막 장을 넘긴 독자에게 쓸쓸한 감동을 남기는 인물이기도 하다.

리디쿨루스 숨(Ridiculus sum)

『마담 보바리』는 샤를르가 중학교 한 교실에 신입생으로 들어가는 장면으로 시작된다. 바로 이날 그가 쓰고 있던 모자는 그의 평범함과 우둔함을 대변하고 있다. 그 모자는 "온갖 모자의 갖가지 요소들이 한데 섞인 혼합식 모자의 한 유형, 요컨대 어떤 멍청한 사람의 얼굴처럼 그 말없는 추악함이 표현의 깊이를 더해주고 있는 그런 한심한 물건의 하나"로 반 아이들의 웃음과 조롱의 대상이 되었다. 결국 제 이름도 정확하게 발음하지 못해 다시 한 번 교실을 발칵 뒤집어 놓은 이 신입생에게 선생님은 "나는 우스꽝스러운 사람입니다." (Ridiculus sum)를 반복해서 쓰는 벌을 준다. 그의 모자만큼이나 샤를르는 개성 없는 학생이었다. 그 나이 또래의 발랄함과 장난기와는 거리가 먼 누구의 눈에도 띠지 않는 아이였다. 어떤 호기심도 열기도 없이 소 같은 성실함 하나만으로 의학공부를 해낸 그는 도시라곤 카바레밖에 모르는 인물이다.

샤를르는 엠마가 꿈꾸었던 재기발랄하고 품위 있고 매력적인 남자와는 닮은 점이 하나도 없었다. 그는 말수가 적었고, 말을 해도 아스팔트처럼 밋밋하기 짝이 없을 뿐이었다. 신혼 초 엠마는 연애시를 읊고 아다지오를 읊으며 그의 심장에 불꽃을 일으키려 해보았지만 소용없었다. 샤를르의 둔중한 평온과 태연한 둔감이 엠마는 견딜 수 없었다. 열정에 있어 무색무취인 이 남자가 의사라는 직업에 열정적이었다면 엠마는 남편을 사랑했을지도 모른다. 하지만 그는 이빨이나 피를 뽑으면서 농부들의 신뢰를 얻는 의사였지 유능한 의사는 아니었다. 위급한 순간이면 언제나 어찌해야 좋을지 몰랐고, 다른 사람의 도움을 요청했다. 안짱다리 수술은 비극으로 끝났고 결정적으로 엠마를 그에게서 돌아서게 만들었다.

게다가 이 남자는 오쟁이 진 남편이다. 희극에서 가장 조롱받는 인물은 오쟁이 진 남편이 아니던가! 더구나 그는 직접 아내를 정부들의 손에 인도하지 않았던가! 아내를 설득시켜 로돌프와 승마를 하도록 하고, 로돌프에게 "아내는 언제나 좋으실 대로 준비가 되어 있으며 자기들은 그의 처분만 바랄 뿐"이라는 편지를 쓴 사람이 그였다. 오페라의 마지막 장면을 칭찬하는 레옹에 넝쿨아 아내에게 하루 더 루잉에 미물며 그 장면을 보고 오라며 아내의 두 번째 불륜에 길을 터준 것도 그였다. 죽은 아내의 옛 정부를 앞에 두고 불같은 증오에 휩싸이기보다 그녀의 사랑을 받았다는 사실 때문에 오히려 그를 부러워하는 우스꽝스러울 정도로 한심한 인물이다.

진정성의 인물

 엠마에게 샤를르는 미련스럽기 짝이 없는 남편이었지만 그는 진정으로 그녀를 사랑했다. 바로 이 진정성에 의해 소설의 마지막 그는 일종의 비극적 위대함까지 느끼게 한다. 죽은 아내의 정부를 마주하고 그가 가졌던, 자신이 이 사나이가 되고 싶다는 '한심한' 감정은 한 여인에 대한 무조건적인 사랑의 표출이다. 이로 그는 인간적인 단계를 넘어서 성스러움의 경지로 올라선다. 곧이어 그가 한 '엄청난' 말 ("이게 다 운명 탓이지요!"), 입에 발린 말밖에 할 줄 모르는 바람둥이 로돌프가 우스꽝스럽고 비굴하게 여긴 이 마지막 말은 바로 그 극단적인 '바보스러움'에도 불구하고, 아니 바로 그 '바보스러움'으로 인해 가장 폐부를 찌르는 말이 된다.

 소설의 마지막에서 약사 오메에게 훈장을 수여한 사회의 천박함에 대비되는 그의 죽음은 숭고하기까지 하다. 이 죽음은 사회의 잔혹함을 고발하고 있다는 점에서, 또 소설이 끊임없이 보여주고자 했던 진정한 사랑이란 가능하지 않다는 전제를 뒤집고 있다는 점에서 충격을 준다. 샤를르는 결국 엠마가 갈구했던 이상적인 모델에 부합한다. 아내가 정부들과 주고받은 편지를 모두 발견하고 난 후 샤를르는 "완전히 다른 사람이 되어 버렸다." 엠마가 그토록 혐오했던 만족과 태평함의 세계에서 절망, 애통, 정열의 세계, 결핍의 세계, 즉 엠마의 세계로 들어가게 된 것이다. 엠마는 "무덤 저쪽에서 그를 타락시키고 있었다." 죽음에 의해 샤를르는 그가 그토록 서툴게 사랑했던 아내의 영원한 남편이 된다. 엠마는 결코 그녀가 열광적으로 읽었던 소설의 주인공처럼 살지 못했다. 반면 샤를르는 그가 결코 읽어본 적 없는 소설의 주인공처럼 죽었다.

레옹(Léon)과 로돌프(Rodolphe)

엠마의 정부 레옹과 로돌프는 대조적인 성격의 인물들이다. 전자가 조심스럽고 부드럽다면 후자는 과감하고 저돌적이다. 사실 이 두 성격은 엠마가 꿈꾸었던 낭만적 연인의 전형적인 두 가지 상이기도 하다. 서로 다른 성격에도 불구하고 보바리 부인의 두 정부는 지극히 부르주아적 양식의 소유자들로 그녀와의 관계에서 비겁했다는 점에서 일치하고 있다.

소심한 청년과 능란한 돈 주앙

용빌에서 엠마가 처음 레옹을 만났을 때, 레옹은 외모뿐 아니라 성격과 취향에 있어서도 낭만적 소설 속에서 금방 튀어나온 인물 같았다. 한 손에 책을 들고 언덕 위 기슭에 서서 석양을 감상하길 좋아하는 푸른 눈과 창백한 안색의 이 청년은 엠마에게 사로잡히지만 사랑을 고백할 방법도 몰랐고 용기도 없었다. 결국 그는 아무 행동도 하지 못하고 용빌을 떠나게 된다.

반면 3년 뒤 루앙에서 만난 그는 좀더 과감하게 변해 있었다. 내성적인 기질이 장난기 많은 친구들과 어울리다보니 많이 닳았던 것이다. 그는 엠마를 "자기 것으로 만들기 위해" 거짓말을 꾸며대었을 뿐 아니라 파리에서의 법률공부를 하는 동안 익힌 능숙함으로 불륜의 단계를 무리 없이 이행한다. 도시 바람을 쐰 탓에 순진한 목가적 낭만성에서 벗어나 있었지만, 그러나 레옹은 여전히 수동적이었다. 그들의 관계에서 주도권을 행사하는 것은 엠마였다. 마치 레옹이 자기 어머니의 치마폭에서 벗어날 수 없었듯이, 엠마가 부리는 변덕과 뿜어내는 매력의 행복한 노예였다.

레옹과 달리 로돌프는 자신의 능력과 힘을 확신하는 차갑고 계산적인 일종의 돈 주앙이다. 엠마를 처음 보았을 때 그는 단번에 그녀의 욕구불만을 감지하고 유혹의 전략을 세운다. 사냥꾼이 먹이를 잡듯이 로돌프는 엠마를 유혹한다. 농사공진회에서 미끼를 던진 다음 그는 다음 방문까지 6주를 기다린다. 먹이가 초조함으로 충분히 달아오를 시간을 계산한 것이다. 치밀한 사냥꾼 로돌프에게 철없이 들뜬 엠마라는 먹이가 걸려들기에는 6주는 충분하고 남았다.

로돌프는 또한 사랑에 있어서 이기적이다. 용빌 숲에서의 첫 정사 후 그의 태도는 이 점에서 웅변적이다. 엠마가 흥분한 신경의 전율을 음미하고 있는 동안 그는 이빨 사이에 여송연을 물고 부러진 고삐를 주머니칼로 다듬고 있었다! 하지만 그는 엠마의 목마른 관능을 충분히 적셔줄 줄 알았기에 그녀의 마음을 휘어잡고 있었다. 로돌프와 함께 한 무렵만큼 보바리 부인이 아름다웠던 적은 일찍이 없었다. 그리고 그 아름다움은 "기질이 처지에 맞아떨어진 조화" 바로 그것이었다.

양식 있는 소부르주아와 천박한 돈 주앙

샤를르와 달리 레옹과 로돌프는 우스꽝스럽지도 바보스럽지도 않다. 단지 엠마의 요구, 절대적인 사랑의 요구와 돈을 빌려 달라는 마지막 절망스런 요구에 이기적이고 비겁하게 처신할 뿐이다. 이 점에서 두 사람은 소부르주아 유부녀가 불러일으킨 사랑을 최대한 즐길지언정, 이를 위해 평판과 미래의 안전을 희생시킬 의향이 전혀 없는 19세기 부르주아 독신남의 전형이다.

레옹의 수동성은 사회생활에서도 그대로 드러난다. 용빌 사람들은 이미 겸손하고 친절하고 예의바른, 신기하게도 정치 문제에 열을 올리지 않는 이 청년의 현명함과 절도를 칭찬하고 있었다. 19세기 파리의 모든 젊은이가 보헤미안이었다고 해도 과언이 아닐 텐데, 파리에서도 그는 항상 점잖게 행동했으며 도가 지나친 짓은 삼갔다. 그는 공증인이라는 직업을 타고나기라도 한 듯 지나침을 모르는 인물이다. 그가 엠마에게 속삭였던 낭만적 언어와 취향은 그의 소부르주아적 현실주의 위에 살짝 칠해진 금박 장식이었을 뿐이다. "속된 부르주아도 젊음의 피가 끓어오르면 단 하루, 단 일분 간일망정 자기가 위대한 정열을 바칠 수 있고 드높은 일을 해낼 수가 있다고 믿는 법이니 말이다. 일개 공증인도 가슴 속에는 시인의 잔해를 간직하고 있는 법이다." 그는 연애사건을 미래의 직업에 해가 될 정도로 진행시키지 않을 만큼 현명하고 비겁했다.

적어도 레옹이 자신이 속삭이는 유혹의 말을 진실하다고 믿었다면, 로돌프는 자신의 말을 믿어본 적이 없었다. 그는 여자를 유혹하기도 전에 "떼어버릴" 방법부터 먼저 생각하는 인물이다. 그의 의도는 시니컬하고 행동은 비열하다. 도주계획을 연기하기 위해 소소한 구실들을 만들어내느라고 여념이 없었고, 도망갈 생각이 없노라고 말할 만큼 용감하지도 못했다. 마지막 결별편지는 그의 비겁함과 위선을 남김없이 보여준다. 편지지에 거짓 눈물방울을 떨어뜨리는 그의 연극은 천박하기조차 하다. 로돌프는 천박한 돈 주앙이다. 그는 엠마가 획득하기 힘든 보석이었기 때문에 중요했던 것이 아니라, 손에 쉽게 들어올 먹이라는 사실 때문에 엠마를 원했던 것이다. 마찬가지로 엠마가 자신의 생활에 가져올 불편함 때문에 도망쳐버린다.

오메 (Homais)

용빌의 약사이자 『루앙의 등불』지 특파원인 오메는 소설의 마지막 문장, "그는 이제 막 레지옹 도뇌르 훈장을 받았다."의 주인공이다. 오메의 확신에 찬, 자기만족적인 세계는 채울 수 없는 결핍으로 이루어진 엠마의 세계와 상극을 이룬다.

자기만족이라는 어리석음

플로베르는 오메의 이름을 독자에게 알려주기도 전에 "그의 얼굴엔 온통 자신에 대한 흐뭇한 만족감만이 가득 넘치고" 있음을 강조하고 있다. 오메가 자신에 만족하지 못할 이유는 없는 듯하다. 수요일 용빌 장이 서는 날이면 발 디딜 틈 없는 그의 약국이 보여주듯 오메는 잘 나가는 약사다. 그는 유행하는 제품과 치료방법에 대한 정보수집에 열심일 뿐만 아니라 손님을 끌기 위해서라면 불법적인 의료행위도 마다하지 않았다. 샤를르가 죽고 난 후 용빌에는 그의 성화 때문에 어떤 의사도 발을 붙이지 못했고, 그의 약국은 엄청나게 많은 단골을 가지게 되었다. 가정적으로도 그는 무엇 하나 부족할 것이 없는 사람이다. 그의 자기만족이 마치 전염되기라도 한 듯 그의 가족에겐 세상만사가 만족스럽다.

오메는 등장할 때마다 기후, 요리, 화학, 농업, 원예, 종교…… 등에 대해 끊임없이 말을 늘어놓는다. 그리고 그 장광

설에 소스라도 치듯 전문용어를 곁들이고 자기 말에 도취한다. 용빌에서 약사만큼 많이 아는 사람은 없다. 그런데도 오메는 우스꽝스럽고 어리석어 보인다. 그 이유는 바로 그가 스스로 황홀해하며 늘어놓는 말들이 사실은 통념과 고정관념에 지나지 않기 때문이다. 또 적재적소에 던져지는 듯한 그의 말들이 모두 식상한 표현이기 때문이다. 그의 장황한 연설은 모두 "나로 말할 것 같으면"으로 귀착된다. 그는 앵무새처럼 이미 만들어진 말들을 주워 삼키면서 굉장한 독창성이라도 있는 양 행동한다. 이 반성 없는 자만, 경솔한 확신, 다른 사람의 말을 너무도 쉽게 자기 것으로 만들어버리는 놀라운 '능력'으로 오메는 어리석은 것이다.

사이비 진보주의자

오메는 약이나 판매하는 장사꾼이 아니라 이성과 과학을 위해 봉사하는 지식인이라 자부한다. 그가 라틴어와 전문용어를 사용하는 이유는 자신의 언어 사용이 정확하고 엄격하다는 것을 보여주고 싶기 때문이다. 또한 소크라테스, 볼테르, 프랭클린을 인용하면서 그는 이성의 전지전능한 위력을 선언한다. 그에 따르면 과학은 "거북이걸음을 하고 있는" 인류의 진보에 가속도를 붙여줄 것이다. 오메는 이성의 세기 18세기 철학자들의 후손으로 자처한다. '용빌의 볼테르' 오메는 마을의 부르니지엥 신부와 매사에 대립 각을 세우면서, "아직도 무지 속에 안주하며 민중들을 그 속으로 같이 끌어들이고" 있는 교회에 비난의 화살을 늦추지 않는다. 과학주의자이자 반교권주의자 오메는 "옛날에는 광신이 소수의 선택된 사람에게만 약속했던 것을 오늘의 과학은 이제 만인을 위해서 실현하는 것"으로 믿어 의심치 않는 듯하다.

그런데 그의 화려한 말들이 고정관념의 복사이듯, 그의 과학적인 능력은 의심스럽다. 그가 『루앙의 등불』지에 극찬하는 기사를 보냈던 안짱다리 수술은 실패했다. 그가 장담한 장님 거지의 눈 치료도 헛수고로 돌아갔다. 엠마가 집어삼킨 비소를 토하게 하기보다 그 위급한 와중에 그것을 분석하고 있었다. 그의 과학적 지식은 수박 겉핥기식의 것이었던 것이다.

자칭 진보주의자인 오메는 사실은 그에 못지않은 보수주의자이다. 대혁명의 수호자로 자처하는 그가 약국의 조수를 대할 때는 대혁명의 영원한 원칙인 자유, 평등, 박애를 완전히 망각해 버린다. 약사가 손을 썼지만 자기 눈은 낫지 못했다고 장님 거지가 떠들고 다니자, 오메는 자신이 평판을 위협하는 이 자를 쫓아버리기 위해 교묘하게 진보의 이론에 기댄다. "우리들은 아직도 부랑자들이 십자군 원정에서 얻어온 문둥병과 연주창을 공공연하게 공중의 면전에 드러내는 것을 허용했던 저 기괴한 중세시대에 살고 있는 것인가?"와 같은 취지의 기사가 『루앙의 등불』지에 몇 번 실린 후, 장님 거지는 빈민구제소에 종신 감금을 선고 받았다. 그가 은밀하게 진행시킨 이 장님 거지 추방 계획은 "그의 지혜의 깊이와 허영심의 파렴치함"이 잘 드러난 한 예일 뿐이다.

상승하는 위협적인 부르주아

장님 거지 추방 계획이 보여주듯, 오메는 뛰어난 감각과 불굴의 성실성으로 야망을 실현해가는 위협적인 인물이다. 그가 온갖 종류의 친절과 도움을 보바리 부부에게 베푼 것은 사람이 좋아서가 아니라 자신의 무면허 의료행위에 대해 의사가 입을 열지 못하게 하려는 의도에서였다. 보바리 부부가 파산하고 약국이 번성하면서 오메는 더 많은 명성을 원하게 된다. 지방신문 특파원과 약사라는 명칭만으로는 만족할 수 없었던 것이다. 우리가 알고 있는 그의 마지막 야심은 레지옹도뇌르를 받는 것이었다. 더 이상 태생에 의해 한 인간의 가치가 결정되지 않는 세상에서 이 훈장은 그의 미래를 열어주는 것이며, 상층 부르주아 사회에 들어가는 것을 의미했다. 훈장을 위해 오메는 스스로를 부정했다. 대혁명의 이상에 충실하다고 자부하는 자가 왕을 "우리의 어지신 국왕"이라 부르며 성군 앙리 4세에 비유하면서 7월 왕정과 결탁했다. "몸을 팔고 지조를 버린" 결과 그는 마침내 꿈을 이루었다. 소설이 끝난 뒤 그는 아마 더한 일도 하면서 더 멀리 갔을 것이다.

오메의 출세는 7월 왕정에서 이루어졌던 자유부르주아의 상승을 대변한다. 편협하고 잘난체하는 이 인물의 사회적 성공은 사상이나 이상보다 외양과 부의 축적이 더 힘을 갖게 될 시대의 도래를 암시한다. 사이비 과학주의자이고 진보주의자인 한 약사가 노르망디의 유명인사가 되는 과정을 통해 소설은 과학주의가 내포한 물질주의가 가져올 사회의 천박함과 음울함을 그 어떤 신랄한 비판보다 더 싸늘하게 제시하고 있다.

보바리즘

광적인 종교심에서 불륜으로

1849년 『성 앙투완의 유혹』의 낭독을 듣고 가차 없는 혹평을 한 뒤, 뒤 캉과 부이예는 플로베르에게 보다 현실적이고 평범한 소재를 다루어보라고 권했다. 플로베르는 곧이어 동방 여행길에 올랐고, 1850년 콘스탄티노플에서 부이예에게 세 가지 소재를 두고 망설이고 있다는 편지를 썼다. 세 가지 소재는 "1. 돈 주앙의 하룻밤 (……) 2. 신의 사랑을 갈망하는 아뉘비스의 이야기 (……) 3. 작은 시골 마을, 부모님이 지켜보는 가운데, 처녀로 죽어가는 광신적인 처녀의 이야기인 플랑드르 소설"이었다. 『마담 보바리』가 출판된 후의 한 편지에서 플로베르는 이 '플랑드르 소설'로부터 『마담 보바리』

가 시작되었다고 적고 있다. "처음에는 한 처녀 이야기를 할 생각이었지요. 시골구석에서 슬픔으로 늙어가는, 몽상적인 정열과 광적인 종교심의 마지막 단계에 이른 한 처녀 이야기를 말입니다."

1851년 6월 플로베르는 크루아세로 돌아왔고, 소설의 소재는 광신에 빠진 플랑드르의 처녀에서 불륜에 빠진 노르망디의 한 부르주아 여인으로 바뀌게 되었다. 이번에도 뒤 캉과 부이예의 역할이 컸다. 두 친구는 신문 사회면에 난, 시골의 작은 마을에 개업한 공의(公醫)의 아내 으젠느 들라마르라는 여인의 불륜과 죽음을 새 소설의 서술적 틀로 삼는 것이 어떻겠느냐고 물었다. 연구자들은 플로베르가 이 사건뿐만 아니라 세상을 떠들썩하게 했던 조각가 프라디에―플로베르가 루이즈 콜레를 처음 만났던 곳은 바로 프라디에의 아틀리에였다―부인의 불륜과 경제적 파산에서도 영감을 얻었을 것이라고 추정하고 있다.

『마담 보바리』가 어떤 실화를 바탕으로 했느냐는 사실 별 의미가 없다. 불륜, 파산, 음독자살 등의 모티브가 중요한 것이 아닐 뿐더러, 실제 사건을 모델로 했다 하더라도 문학적 변용을 거쳐 전혀 다른 모습이 되었기 때문이다. 우리의 관심을 끄는 것은 오히려 '플랑드르 소설'이다. 콘스탄티노플에서 쓴 편지에 따르면 '플랑드르 소설'에서 플로베르는 육체적 욕구와 신비주의의 관계를 다루고자 했다. 그리고 이는 플로베르가 지속적으로 관심을 가졌던 주제였다.

플로베르는 외면상 대립되는 것처럼 보이는 쾌락과 금욕이 심층적으로 연결되어 있다는 믿음을 가지고 있었다. 그가 견지했던 이 생각은 프로이트를 연상시키고, 무엇보다 "생식기는 인간적 애정의 기초이다. 그것은 애정이라기보다는 철학자들이 말하는 것처럼 애정의 실체이다."라는 그의 단언은 그가 직관적으로 프로이트 이전의 프로이트 학파였음을 보여준다. 육체에 대한 집착과 금욕주의, 지상의 사랑과 신비적인 사랑은 동일한 뿌리를 가지고 있다는 것이다. 『살람보』와 『성 앙투완의 유혹』에서 작가는 "가장 격렬한 관능적 욕구가 이상주의에 대한 열정에 의해 은연중에 표명된다는 점"을 보여주고자 했다. 불륜이라는 『마담 보바리』의 소재가 육체적 쾌락만이 아니라 실현될 수 없는 이상에 대한 갈망이라는 형이상학적 주제와 맞물려 있는 이유도 이렇게 설명될 수 있다.

낭만주의 풍자

『마담 보바리』의 시대적 배경은 1828년에서 1856년으로 낭만주의의 전성시대였다. 이 소설이 작가 자신의 낭만적 성향과 글쓰기에 대한 투쟁이었던 것과 마찬가지로 작가는 주인공 엠마를 통하여 낭만적 문학과 정신을 풍자하고 있다.

소녀시절의 기숙사 생활은 엠마의 자아 형성에 큰 영향을 미쳤다. 그 곳에서 엠마는 샤토브리앙, 라마르틴, 월터 스콧과 같은 낭만주의 대작가의 작품을 탐독한다. 매번 소설은 엠마의 독서를 풍자적으로 묘사한다. 낭만주의 작가들을 패러디하면서 이루어지는 풍자의 방식은 섬세하고 절묘하다. 작가는 엠마가 낭만주의의 주요 장르였던 역사소설에 열중했음을 보여주면서, 이 장르가 애호했던 테마와 문체를 그대로 차용한다. 역사적인 인물과 사건을 장황하게 늘어놓음으로써 바로 이 장르의 과장, 지나침을 우스꽝스럽게 만들고 있다. 또한 심정의 분출, 광대히 펼쳐진 자연, 영원으로 이어지는 시간 인식을 표현하는 낭만주의의 화려하고 웅변적인 문체를 패러디하는 것도 잊지 않는다. "일요일에는 기분 전환을 위해서 『기독교 정수』의 몇 구절을 읽었다. 처음 한동안 그녀는 지상과 영원의 모든 메아리를 통해서 되풀이되는 낭만적 우수의 낭랑한 탄식에 얼마나 귀를 기울였던가?"

인물들이 느끼거나 가장하는 낭만적 시정과 현실과의 괴리는 풍자를 배가시킨다. 농사공진회에서 로돌프가 엠마를 유혹하는 장면은 이 점에서 압권이다. "가난한 두 영혼", "오직 서로를 위해 태어난", "완전한 매혹" 등의 틀에 박힌 낭만적 표현들이 공진회의 공식 연설과 퇴비와 두엄과 깻묵 활용상을 호명하는 소리와 서로 얽히면서 희극적인 효과를 극대

화한다. 현실과 낭만적 시정 사이의 간극이 만들어내는 아이러니는 이처럼 직접적으로 드러나기도 하지만, 보다 은밀하게 장치되어 있을 경우가 더 많다.

3부의 3장, 돛단배 위에서의 장면이 그 한 예이다. 사흘간의 밀월 동안 엠마와 레옹 두 사람은 저녁이 되면 작은 배를 타고 섬으로 저녁식사를 하러 갔다. 그들에게 센 강은 꿈속의 강 같았고, 그들은 "이 세상에서 가장 멋진 곳으로 여겨지는" 그곳에서 "영원토록 살고만 싶었다." 배 위에서 엠마는 라마르틴의 시 「호수」를 읊조린다. "아름답고 가냘픈 그녀의 목소리가 물결을 타고 멀어져 갔다." 하지만 그 강물 위에는 근처 조선소에서 나온 "크고 끈적한 기름 반점들"이 "마치 커다란 청동판"처럼 떠다니고 있다는 것을 독자는 이미 알고 있다. 소설은 두 인물의 시선을 통해 드러난 주관적 풍경과 이를 둘러싸고 있는 객관적 상황을 눈에 띄지 않게 교묘히 배치함으로써 현실과 동떨어져 있는 인물들의 낭만적 시정을 우스꽝스럽게 만든다. 끈덕진 현실의 진실은 거기서 끝나지 않는다. 늙은 뱃사공의 입에서 나온 옛 정부 로돌프의 이름이 엠마의 꿈에 찬물을 끼얹는다. 작가는 이 이름이 엠마에게 어떤 효과를 가져왔는지 말하지 않는다. 다만 시와 현실을 나란히 놓음으로써 그 사이에 아이러니가 발생하도록 할 뿐이다.

낭만주의는 감수성을 강조한다. 플로베르가 보기에 감수성 그 자체가 나쁜 것은 아니지만, 문학이 감성과 감동을 지배하지 못할 때 거짓이 된다. 예술적 교육이란 바로 감정교육과 반대되는 것이다. "예술적이기보다는 감상적인" 엠마는 상상력에 의해 격앙된 감수성 속에 빠진다. 수도원에서의 교육은 "감정적 욕구를 당장에 만족시키는 것"에만 끌리는 엠마의 기질을 교정하기보다는 더욱 부추겼다. 그곳에서 집어삼킨 낭만주의 대가의 작품과 그 아류 작품들은 허구를 사실이라고 믿을 정도로 그녀의 상상력을 팽창시켰다.

　감수성이 예민하고, 상상력이 풍부한 낭만적 주인공들은 자신을 둘러싸고 있는 현실을 벗어나고자 한다. 더 나아가 현실을 부정한다. 엠마 역시 예외가 아니다. 파리 지도나 삽화에 몸을 기울여 그녀는 자신이 놓여 있는 현실적 공간을 부정한다. 인간관계도 마찬가지다. 그녀는 로돌프와 레옹을 있는 그대로 볼 수가 없었다. 열정에 찬 편지를 쓰면서 자기가 원하는 대로 그들을 상상했다. 그녀가 보낸 수많은 편지의 수신자는 사실 용렬하기 그지없는 정부들이 아니라 "꽃바람 속에 달빛을 받으며 발코니마다 비단 사다리가 흔들리고 있는 푸르른 나라에 살고 있는" 어떤 남자였던 것이다. 로돌프가 비열하기 짝이 없는 작별편지를 꾸미고 있는 그 시간 그녀는 낭만적 문학의 통념들로 가득 찬 꿈을 꾸고 있었다. 눈앞의 현실을 보지 못하고, 아니 보기를 거부하고 도피하고자 하는 이 꿈이 결국 그녀를 파멸로 이끌게 된다. 그리고 이 실패는 비판의식 없이 집어 삼킨 낭만적 소설들로부터 비롯되었다. 낭만주의의 결산은 결국 실패로 결정된 셈이다.

그러나 엠마에 대한 시선이 이중적이듯이 플로베르의 낭만주의 비판은 항상 여운을 남긴다. 엠마를 낭만주의의 희생자로 만들면서 그는 무미건조하고 타락한 사회를 동시에 고발하고 있다. 엠마가 현실과 반대되는 꿈을 선택하면서 실패했다면, 이는 바로 현실이 추악하고 만족스럽지 못하다는 것을 말하는 것이 아닌가? 허망한 꿈만큼이나 참을 수 없는 것은 결국 이 속악한 현실이 아닌가?

보바리즘

1910년 철학자 쥘 드 고티에가 "스스로를 있는 그대로의 자신과 다르게 상상하는 기능"을 지칭하기 위해 '보바리즘'이라는 신조어를 사용한 이후 엠마 보바리는 인간 심리의 한 전형이 되었다. 소설 창작 당시 플로베르는 자신이 이 작품이 뛰어난 것이 된다면 그것은 심리소설로서일 것이라 했었는데, 그의 말이 실현된 셈이다.

평범한 시골 의사의 부인인 엠마는 자신을 귀족 부인처럼 시중하도록 하녀를 훈련시킨다. 몸은 따분하기 그지없는 시골에 있으면서도 상상 속의 그녀가 있는 곳은 화려한 보비에 사르이고, 파리이고 이탈리아이다. 이렇게 '있는 그대로와 다르게 자신을 인식'하게 하는 상상력은 엠마로 하여금 끊임없이 극도의 열광상태와 그 반대급부로 무력감에 빠지게 함으로써 세상과의 정상적인 관계를 불가능하게 한다.

엠마의 흥분과 무기력이라는 병적인 증세는 권태로부터 기인한다. 토트의 나날들은 "언제나 똑같은 모습으로, 수도 없이, 열을 지어 지나갈 뿐" 아무 일도 일어나지 않았다. 용빌에서의 생활도 더 나아진 것은 없었다. 생활의 반복과 무료함이 더욱 가중시킨 공허함은 그것이 피할 수 없는 숙명처럼 느껴질 때 ("하느님의 뜻인 것이다!") 더욱 더 견딜 수 없는 것이 되었다. 하지만 이러한 낙담과 실망은 보바리즘의 필요조건이지 충분조건이 아니다. 샤를르도 레옹도 오메 부인도 용빌의 모든 사람들은 일상의 진부함에 대면해 있지만 그 누구도 그로 인해 고통 받지 않는다. 그들과 엠마의 차이점은 그녀가 절대를 추구하고 있다는 점이다.

절대에의 추구가 결함이라고는 할 수 없겠지만, 어쨌든 그로 인하여 엠마는 그 무엇에도 만족할 수 없다. 다른 사람들이 자신의 몽상을 현실에 맞추었다면 엠마는 현실을 자신의 꿈에 맞추어 버린다. 엠마는 자신의 남편을 다른 남편들과 비교한 것이 아니라, 백마 탄 왕자님과 비교했다. 모든 것이 완벽하지 않으면 그녀는 곧 실망해버린다. 그녀가 불륜을 저지른 이유는 그녀가 특별히 비도덕적이거나 방탕해서라기보다는 바로 이 절대적 행복을 알고 싶었기 때문이다. 엠마의 첫 불륜이 소설의 중간에서야 시작했던 이유는 여주인공의 꿈이 가진 이러한 성격을 충분히 보여주기 위해서였다.

이상과 현실 사이에 그 어떤 매개도 놓지 않는 보바리즘은 낭만주의로부터 생겨났다. 낭만적 주인공의 화신인 르네의 알 수 없는 슬픔과 도취와 무력감은 바로 현실과 타협할 수 없는 절대 이상 때문이었다. 낭만적 인물들의 권태는 그들이 가진 '절대적' 이상에 기인한다. 그들이 원하는 것은 절대적인 것, 즉 신적인 충만함과 완전함이기 때문에 결국은 아무것도 할 수 없게 되는 모순적인 상황에 그들은 빠져 있다. 한 여인을 '절대적'으로 사랑하기 때문에 그녀에게 말 한마디 건넬 수 없는 것이 바로 그들이다. 말을 건네는 순간 '절대'는 불가능하기 때문이다. 결국 절대는 도달할 수 없기 때문에 그들은 아무 일도 하지 않는다. 엠마의 상황은 '순수한' 낭만적 인물들과는 다르지만, 자기 식으로 '세기병'을 산 낭만주의의 불안한 딸이라 할 수 있다.

오늘날 보바리즘은 시대를 초월한 보편적인 인간심리로 간주된다. 불가능한 행복을 꿈꾸는, 그리하여 자신의 실제와 다르게 자신을 생각하고 이상적인 모델들이나 이미지들과 자신을 동일시하는, 한마디로 환상 속에 사는 인물의 태도를 가리킨다. 실재하는 자신과 다른 자신을 상상하는 심리는 강도와 횟수의 차이는 있다 하더라도 대부분의 사람들이 가진 심리일 것이다. 보바리즘이란 용어의 일반화는 바로『마담 보바리』가 이루어낸 심리묘사의 깊이와 그 성공을 웅변해 준다.

"마담 보바리는 바로 나다"

『마담 보바리』를 쓰는 내내 플로베르는 손등에 무거운 납덩이를 올려놓고 연주하는 피아니스트 같다고 했다. "주제, 인물, 효과 등등 모든 것"이 지금까지의 자기 것이 아니었기 때문이었다. 자신의 생각을 마음껏 털어놓았던 1849년의『성 앙투완의 유혹』을 제작하던 18개월 동안 그는 자유로웠다. 성 앙투완이 구스타브였고 구스타브가 성 앙투완이었던 행복한 시기였다. 그런데 바로 그 때문에, 즉 주인공과 자신 사이에 거리 두기를 하지 않았기 때문에 이 작품은 실패했다. 『성 앙투완의 유혹』의 실패에서 얻은 교훈을 수없이 되새기며 플로베르는 비개인성의 소실미학과 함께『마담 보비리』를 제작했다. 그리고 출판 후 소설의 내용은 모두 허구라고 여러 번 강조했다.

그런데 "마담 보바리는 바로 나다."라는 말을 어떻게 이해해야 하는가? 사실 이 단언은 한 대담에서 플로베르가 했다는 말로 대담자의 증언 외에는 구체적인 증거가 없다. 그러나 이 말은 플로베르의 '어록'에 반드시 등장하는 표현이 되었다. 작품 속에 작가의 감정이나 생각을 드러내지 않으려고 그토록 애쓴 작가가 그 작품의 주인공이 바로 자기 자신이라니! 이 '위대한 모순'이 바로 이 표현을 전설과 신화의 차원으로 격상시켰다.

이 말의 의미는 무엇일까? 우선 가장 일차적인 해석이 있을 수 있다. 젊은 날의 플로베르는 마담 보바리가 보여준 낭만적 경향을 가지고 있었다. 즉 항상 자기가 있어야 하는 곳과는 다른 곳에 있으려는 욕망, 현재의 가까움과 책임을 두려워하여 끝없이 이국과 과거를 동경하는 심리 등은 구스타브가 친구들과 바이런을 흉내 내며 경험했던 심리이다. 자신의 젊은 날을 플로베르는 '발갛게 들뜬 낭만주의자'였노라고 고백한 적이 있다. 이곳이 아닌 다른 곳을 꿈꾸며, 현실보다는 환상을 꿈꾸는 젊은 날의 플로베르는 마담 보바리였던 것이다.

두 번째 의미는 플로베르가 낭만주의에 대해 가졌던 애증으로 설명해 볼 수 있다. '사실주의자'라는 호칭을 극도로 혐오했던 그는 말년에 향수에 젖은 사람의 어조로 자신을 '철 지난 낭만주의자'로 칭했다. 이는 그가 낭만주의의 과시와 허세를 인정하게 되었다는 것은 아니다. 그보다는 '현실의 충실한 복사'를 강조하며 아름다움이란 문학의 존재 이유를 휴지통에 버린 듯한 사실·자연 주의 작가들의 창작 관행에 대한 거부감을 표시한 것이다.

『마담 보바리』에서 화자가 '현실'의 세계를 대변하는 오메에게 어떠한 내면도 부여하지 않으면서 괴기스럽고 우스꽝스런 꼭두각시로 만든다면, 비록 그 어리석음을 고발하기 위해서이긴 하지만 그래도 '환상'을 대변하는 엠마의 내면을 남김없이 보여주고 아주 드물기는 하지만 공감을 표하는 것과 마찬가지로, 플로베르는 사실주의의 천박한 현실주의보다는 낭만주의의 이상주의에 일말의 공감을 느꼈다. 플로베르는 예술에 있어 현실은 '도약판'일 뿐이고, 예술의 궁극 목표는 '꿈꾸게 하는' 것이라고 믿었다. 자신의 환상을 현실로 살려던 마담 보바리가 현실 그 자체였던 오메보다 플로베르에 더 가까웠던 것이다. 이론으로 예술을 논하라면 용빌의 누구보다 할 말이 많을 오메가 사실 예술의 세계와 상극을 이룬다면, 엠마는 자신의 정조(情調)를 지배하고 통제하지 못한 실패한 예술가이다.

물론 엠마는 플로베르가 아니다. 엠마가 실패한 예술가라면 플로베르는 진정한 예술가이기 때문이다. "마담 보바리는 바로 나다."라는 말의 마지막 의미는 바로 "『마담 보바리』는 바로 나다."가 아니었을까? 즉 『마담 보바리』라는 책은 소설가 플로베르라는 의미,『마담 보바리』가 소설가 플로베르를 만들었다는 의미,『마담 보바리』로부터 진정한 작가로서의 플로베르가 시작되었다는 의미가 아닐까? 물론 이는 플로베르가 의도했던 뜻은 아닐 것이다. 하지만 그의 무의식이 말한 것은 바로 이것이 아니었을까?

1849년『성 앙투완의 유혹』을 쓸 당시 구스타브 플로베르는 일종의 엠마 보바리였다. 즉 자신의 감정과 감동을 조형적으로 가공해낼 만한 예술적 내공을 충분히 닦지 않은 서투른 예술가였다. 그러나『마담 보바리』와 더불어 그는 진정한 예술가가 되었다. 문학을 더 이상 속내 이야기를 털어놓는 위안처나 현실을 충실히 복사하는 복사기가 아니라, 창조의 장(場)으로 삼는 그런 예술가이자, '꿈을 꾸게 만드는' 소설가, 진정한 예술을 위해 모든 현실의 유혹을 떨쳐버릴 수 있는 진짜 작가 말이다.

19세기 부르주아 사회와 여성

『마담 보바리』는 뛰어난 심리소설일 뿐만 아니라 사회소설이기도 하다. '지방 풍속도'라는 부제가 말하듯『마담 보바리』는 7월 왕정 당시 프랑스의 지방을 구성하고 있던 부르주아, 농민, 귀족 사회의 모습을 보여준다. 주목할 것은 소설이 그 어느 계급에 대해서도 우호적이지 않다는 점이다. 그

중 부르주아에 던지는 시선이 가장 신랄하다. 플로베르는 레옹과 로돌프를 통해 이 계급의 순응주의와 소시민적 비겁함을, 교활한 장사꾼 뢰르와 오메를 통해 돈과 과학과 진보 이데올로기의 야누스적 얼굴을 유감없이 보여준다. 농부들의 삶은 루오 영감을 통해 혹은 엠마의 결혼식이나 농사공진회에 참석한 농부들을 통해 제시되는데, 낭만적 전원생활과는 거리가 먼 농촌의 현실이 사실적으로 그려진다. 귀족사회는 보비에사르에 모인 인물들을 통해 엿볼 수 있는데, 엠마가 던지는 선망의 시선에도 불구하고, 퇴락해가는 계급으로서의 모습이 여실하다.

플로베르가 동시대를 바라보는 시선에는 어떤 타협도 없다. 그는 당대의 가장 반동적인 사상에도, 가장 진보적인 사상에도 모두 칼날을 대었다. 그 당연한 결과로 그의 소설에는 희망을 주는 인물도 없고 미래를 약속하는 계급도 없다. 모두가 어리석음 속에서 함께 뒹굴 뿐이다. 많은 비판을 받았던 플로베르의 이러한 사회적 비관주의는 사회적 혜안의 필요조건이었는지도 모른다. 환상을 허용하지도 위로하지도 않는 그의 시선은 어떤 진보적 작가보다도 더 예리하고 전복적으로 19세기 부르주아 사회의 치부를 드러내었다. 그 중 하나가 여성문제이다.

19세기 부르주아 사회에서 여성의 법적·경제적 위치는

미성년자와 같았다. 여성은 그 어떤 결정권도—자기 자신에 대해서조차—가질 수 없었고 공적 생활에서 철저히 배제되었다. 국가와 사회를 건설하고 유지하고 개혁하는 일은 전적으로 남성들의 몫이었고, 여성에게는 가족의 건강과 영혼을 책임질 임무가 맡겨졌다. 영원한 미성년인 여성에게 엄청난 임무를 맡긴 것이다! 여성에게 유일하게 허용된 현모양처라는 역할은 여성을 가정이라는 울타리와 쳇바퀴처럼 돌아가는 일상 속에 감금시켰다. 어떤 결정권도 없고 어떤 계획도 세울 수 없는 사람들이 할 수 있는 것은 외부에서 사건이 일어나길 기다리는 것뿐이다. 결혼은 큰 사건이었지만, 결혼생활은 흔히 기대를 저버리기 일쑤였다. 특히 지배 이데올로기를 확대재생산하는 계층, 소부르주아 층의 여성들이 느끼는 환멸은 가혹했다. 위선적인 성도덕하의 성생활은 거의 전쟁으로 받아들여졌다. 많은 경우 여성들은 남편이나 아들을 통해 자신을 실현시키고자 했다. 그 어느 경우도 가능하지 않을 때는 슬픔과 체념 속에서 고요히 살아가야 했다. 모파상의 『여자의 일생』의 잔느처럼 말이다. 그렇지 않을 경우는 사회적 일탈이 남아 있을 뿐이었다.

19세기 프랑스 한 작은 마을의 소부르주아의 아내였던 엠마는 자유로울 수 없었다. 그녀는 남편에게서 욕망—성적 욕구과 사회적 성공—을 만족시킬 수 있는 방법을 찾았으나 실패했다. 사내아이를 원했으나 그 또한 이루어지지 않았다. 그녀에게는 불륜만이 자유로울 수 있는, 자신을 실현시킬 수 있는 유일한 방법처럼 보였다. 하지만 이 '자기실현'도 결국은 기만적인 것으로 드러났다. 로돌프에게 엠마는 단순한 성적 대상물이었고 레옹에게는 대용물이었을 뿐이다. 무엇보다 정부들은 한결같이 그녀의 꿈에 답하기에는 비겁했다. 엠마 역시 무모했다. 그녀의 자기실현 방식은 어리석기 그지없었다. 하지만 그것이 그녀의 잘못이라고만 할 수 없다는 것이 『마담 보바리』가 19세기 부르주아 사회에 던지는 폭탄이라 할 수 있다. 그리고 여성들이 환상으로 꿈꾼 가능성과 그 모순을 뼈저리게 맛보았기에 엠마는 용빌의 여인들 모두를 넘어선다. 그녀는 다르게 더 잘 살아보고 싶어 했던 것이다. 용빌의 부르주아에게 그것은 이해할 수도 받아들일 수도 없는 일이었다.

『마담 보바리』는 낭만적 환상에 대한 고발이다. 그러나 이 소설은 이중의 죄―여성이며 열정적이다―를 지은 여자에 대한 이야기이기도 하다. 여성에게 특별히 족쇄를 채우는 사회에서 엠마는 비정상적이고 상례를 벗어난 여인이었다. 바로 이 점에서 그녀의 존재는 양성평등의 문제를 제기한다. 『마담 보바리』가 출판된 직후 플로베르는 마리 소피 르루와 이예라는 한 여성 독자로부터 여주인공에 대해 깊은 공감을 표시하는 편지를 받았다. 당시 55세였던 독신의 이 독자가 거듭된 불륜과 파산으로 자살한 유부녀와 자신을 동일시한 것은, 그들의 외적 삶이 아니라 그들의 열망과 그 열망을 꺾어버리는 사회구조 때문이었다. 소설의 2부을 쓰던 어느 날 플로베르는 "아마도 지금 이 순간에도 나의 불쌍한 엠마는 프랑스의 수많은 마을에서 동시에 울고 있을 것"이라고 했다. 그는 틀리지 않았다.

마담 보바리와 돈키호테

세계 문학사에서 엠마 보바리와 닮은 인물로 돈키호테를 들 수 있다. 비록 부도덕한 행위로 지탄을 받는다 할지라도 20대의 아름다운 여주인공과 온몸이 상처와 흉터 투성이인 볼품없이 말라빠진 50대의 돈키호테가 어떻게 닮았단 말인가? 기사도의 고귀한 이상을 품고 자기 몸을 돌보지 않는 (자칭) 기사와 제 한 몸의 행복을 위해 남편과 자식을 방기한 부정한 여인이 닮았단 말인가? 각각 보바리즘과 키호티즘이란 용어를 낳으면서 문학적 신화의 반열에 오른 두 인물은 언뜻 보기에 공통점이 없어 보인다. 그러나 그들은 동일한 영혼의 구조를 보여준다.

엠마와 돈키호테는 책 속에 나온 세계를 현실로 간주하고 책 속의 인물을 자신의 삶의 모델로 삼는다. 엠마가 낭만적 소설의 여주인공들에 동일화하듯이 기사도 소설을 열심히 읽은 돈키호테는 스스로를 기사라고 굳게 믿는다. 마찬가지로 현실의 현상들을 상상적인 요소에 의거해 해석한다. 그래서 돈키호테에게 농갓집 처녀는 공주가 되고 풍차는 거인이 되며, 엠마에게 용렬한 정부는 "꽃바람 속에 달빛을 받으며 발코니마다 비단 사다리가 흔들리고 있는 푸르른 나라에 살고 있는" 남자가 된다. 책들은 엠마와 돈키호테를 현실에 적응할 수 없는 인간으로 만들어버렸다. 『돈키호테』와 『마담 보바리』는 인간의 운명을 결정해버리는 책의 이야기, 인간을 매혹시켜 함정에 빠뜨리고 그래서 삶을 살지 못하게 만드는 책의 이야기이다.

주위의 사람들은 책을 없앰으로써 그들의 '병'을 고치려고 한다. 세상을 구하기 위해 로시난테를 타고 첫 번째 출정을 나간 돈키호테가 농부에 이끌려 돌아왔을 때, 마을의 이발사를 대동한 신부님은 그의 서재에 있는 책들을 불태워버린다. 기사도 소설, 그 몹쓸 기사도 책들 때문에 돈키호테의 머리가 돌아버렸기 때문이다. 마찬가지로 숨바꼭질하며 서로 연심을 키운 레옹이 파리로 떠나버린 후 엠마가 우울증에 빠졌을 때, 그녀의 시어머니와 남편은 엠마가 소설을 읽지 못하게 하기로 결정한다. "소설책이나 돼먹지 않은 책들, 종교를 거역하고 볼테르의 말을 빌려서 신부님들을 조롱하는 따위"가 그녀의 "머릿속에 온갖 잡념들을 들끓게" 만들었기 때문이다. 엠마와 돈키호테는 책이 얼마나 해로울 수 있는지를 보여주는 인물들이다.

달리 생각하자면 돈키호테와 엠마는 '모범적인' 독자이다. 책이 가져올 수 있는 놀라운 전염 효과를 온몸으로 보여주는 인물들이기 때문이다. 현실이 아무리 강력하게 책의 진실을 시험하고 그 진실을 무너뜨려도 그들은 또다시 시작한다. 끊임없이 환멸을 겪으면서도 엠마가 다시 시작하는 것과 마찬가지로 온몸이 만신창이가 되어도 돈키호테는 다시 무용을 떨치러 편력의 길을 떠난다. 그들은 결코 현실의 힘을 인정하지 않았다. 그들이 자신들을 에워싸고 있는 현실, 기사도의 이상이 실현될 수 없는 근대사회라는 현실과 귀족 부인으로 살 수 없는 일개 시골 의사의 아내라는 현실을 받아들였을 때 두 인물을 기다리고 있는 것은 죽음이었다. 돈키호테는 자신이 기사도 소설에 속아왔음을 인정하는 순간, '광기에서 벗어나 이성을 찾는' 순간 죽는다. 눈덩이처럼 늘어난 빚 때문에 집이 차압에 들어가면서 더 이상 현실을 부정할 수 없게 된 엠마는 비소를 삼킨다. 그들 존재의 의미는 바로 이상이었고 그 이상이 사라지는 순간 삶은 살 가치가 없어진다. 그들의 죽음은 단순한 체념이 아니라 이상을 현실로 살고자 했던 인간의 의미 있는 선택이기도 한 것이다.

돈키호테와 엠마는 모두 현실과 꿈, 현실과 이상 사이에 매개를 놓지 않았던 어리석고 무모한 인물들이다. 그러나 그들의 지칠 줄 모르는 이상 추구는 무모함이나 어리석음의 범주를 뛰어넘는다. 물론 그들이 가졌던 이상의 내용은 동일하지 않았다. 기사도 소설에서 나온 돈키호테의 이상이 유토피아의 구현이라는 세계사적인 원대한 꿈의 전통에 이어진다면, 하이틴 로맨스 류의 소설에서 나온 엠마의 이상은 여행사 카탈로그를 연상시킨다. 하지만 누가 그녀의 이상을 이상이 아니라고 할 수 있을까? 아니 돈키호테보다 엠마의 이상이 평범한 인간들과 훨씬 더 가깝다. 그 누구도 풍차를 향해 달려들지 않고 '세상을 구하겠다.'며 직장을 그만두진 않지만, 대부분의 사람들은 슈퍼우먼과 슈퍼맨을 기다리며 또 일상의 권태에 숨막혀 하며 일탈을 꿈꾼다. 플로베르의 뛰어남은 바로 이 너무도 속물적인 여주인공의 꿈의 내용을 통해 이상의 원형적인 구조를 드러내었다는 데 있다. 『돈키호테』와 마찬가지로 『마담 보바리』는 시와 산문 사이의 투쟁, 이상과 현실 사이의 영원한 투쟁을 보여준다.

구조·시점·퇴고

기다림과 환멸의 반복 순환구조

『마담 보바리』는 3부로 구성되어 있고, 각 부는 9, 15, 11장으로 이루어져 있다. 상대적으로 짧은 1부와 3부가 2부를 감싸고 대칭을 이루고 있다. 소설의 진정한 사건이라 할 수 있는 불륜은 소설의 중간 2부 9장에서 시작된다. 2부 8, 9, 10장은 내용상 엠마 보바리의 '전성기'에 해당한다. 결혼의 진부함을 잊을 수 있었던 시기며 아직 돈 문제로 궁지에 몰리지 않았던 시기이기 때문이다. 소설의 전반부와 후반부는 바로 이 정점을 중앙에 두고 상승곡선과 하강곡선을 긋는 여주인공의 인생 여정을 보여주고 있다. 드라마의 매듭은 인물의 심리 저변에서 서서히 눈에 띄지 않게 엮어져 소설의 중간에 이르러 꽉 조여졌다 다시 여주인공의 죽음을 향해 서서히 미끄러지면서 풀린다.

소설 전체의 상승과 하강 곡선은 각 부의 구조에서 적용된다. 각 부는 권태에서 시작되어 잠시 그 권태를 잊게 해주는 황홀한 순간을 거친 뒤 더 무거운 권태 속으로 가라앉는 순환 구조를 이루고 있다. 동일한 이 삼박자의 테마는 3번에 걸쳐 그 음을 달리하면서 연주된다.

1부, 샤를르에게 행복의 절정인 결혼생활이 엠마에겐 환멸이 시작되는 지점이다. 엠마는 어떤 사건이 일어나길 막연하게 기다린다(7장). 바로 그 사건이 되는 보비에사르의 무도회(8장)는 포물선의 극점이다. 하지만 다시 일상으로 돌아온 엠마는 더 깊은 권태를 느끼고 신경쇠약에 걸리게 된다.

2부에서도 기다림—탈출—환멸이라는 동일한 움직임을 볼 수 있지만, 그 구조는 좀더 복잡하다. 엠마와 플라토닉한 사랑을 나누다 결국 레옹이 파리로 떠나는 1장에서 6장까지는 기다림의 국면이다. 그런데 이 기다림의 국면 속에서 또 권태(기다림)—탈출—권태(기다림)라는 더 작은 순환 구조를 찾아볼 수 있다. 레옹이 떠난 후 변덕을 부리고, 낭비로 실망을 보상하는 엠마는 불륜의 채비를 하는 것처럼 보인다(7장). 그녀는 다시 무엇인가를 기다린다. 로돌프의 등장으로 탈출의 국면은 빠르게 진행된다(9장). 이때부터 작가의 천재성은 이 행복한 국면 속에 교묘하게 환멸의 씨앗을 뿌리는 데 집중된다. 결국 정부와 함께 남편과 용빌을 완전히 떠나버리고자 했던 엠마의 갈망이 로돌프를 도망가게 만들었다. 로돌프가 떠나고 엠마는 몇 개월 동안 심한 우울증 상태에 빠진다. 이렇게 2부의 마지막은 1부의 마지막 국면에 더 무겁고 심각한 음조로 화답한다.

3부에서는 엠마의 운명에 빚이라는 새로운 요소가 첨가된다. 이로 인해 감정상의 실패는 참극으로 이어지고 보바리 부부는 파산한다. 3부 역시 권태-탈출-권태라는 동일한 구도로 구성되어 있다. 엠마의 자살은 이 순환에 종지부를 찍는다.

순환구조의 반복은 당연히 서로 조금씩 닮아 있는 사건들을 이어지게 만든다. 토트와 용빌에서의 일상이 비슷하게 반복되고, 이를 벗어나려는 욕망의 구조와 욕망의 실현을 가능하게 하는 예외적 사건들 또한 비슷하게 반복된다. 『마담 보바리』의 순환구조는 끊임없이 탈출하고자 하는 여주인공의 꿈이 또 끊임없이 실패할 수밖에 없음을 보여준다. 그것은 또한 여주인공의 꿈의 성격이기도 하다. 엠마의 욕망은 그녀 자신의 삶에서 비롯된 것이 아니라 그녀가 읽은 책으로부터 꿈꾸어졌다. 모든 것은 이미 만들어져 있었다. 연애에 빠질 때마다 엠마는 이미 경험한 연애를 다시 사는 것이었다. 엠마의 불륜은 그녀가 읽었던 소설의 복사이고 엠마의 두 정부는 소설 속 백마 탄 왕자님들의 분신이다. 그래서 엠마의 연애를 읽는 독자는 엠마가 읽은 것을 다시 읽는다고 할 수 있다. 엠마의 욕망과 탈출은 이미 소설 속에서 평범하게 반복된 경험이라는 좁은 테두리 내에서 이루어질 뿐이다. 반복 순환구조는 바로 소설이 만들어낸 상상적인 것 속에 갇혀 있는 엠마의 꿈의 구조이기도 하다.

시점

시점은 독자가 누구의 눈을 통해서 이야기 속 인물이나 사건과 만나는가, 어느 인물의 입장이 되어 세상을 바라보는가의 문제다. 플로베르가 현대소설의 선구자로 추앙받는 이유 중의 하나가 바로 그가 견지한 '주관적(subject) 시점'의 엄격한 사용과 그 효과 때문이다. '내부적(interne) 시점'이라고도 불리는 주관적 시점은 화자가 인물의 의식을 통해 보고 알고 인식한 것을 보여주는 방법이다.

물론 『마담 보바리』에는 전지적 시점이 사용된다. 2부 1장의 용빌 묘사는 전형적인 전지적 작가시점으로 용빌의 지리, 지형, 경제적 상황, 마을 주민들을 제시한다. 게다가 "지금부터 이야기하려는 사건이 있은 이후에도 사실 용빌에서는 변한 것이 아무것도 없다."는 문장은 발자크가 애용했던 전지적 시점의 패러디로 이야기되기도 한다. 소설의 마지막 부분에서도 화자는 마치 연대기 작가처럼 보바리의 딸 베르트의 불행한 삶과 오메의 화려한 성공을 독자들에게 보고한다. 이렇게 전지적 시점을 사용하는 이유는 이 부분에서 주관적 시점을 견지할 수 없었기 때문이다. 2부 1장에서는 그때까지 시점을 제공해왔던 샤를르와 엠마가 아직 용빌에 도착하지 않은 상태이고, 소설의 마지막에서는 보바리 부부가 이미 죽은 상태이고 로돌프와 레옹은 사건에 무관심한 인물로 남아 있으므로 화자만이 결말의 유일한 증언자가 될 수 있었다. 이 외에도 인물들이 전지적 시점에 의해 제시되기도 하지만 소설이 일관되게 견지하는 시점은 주관적 시점이다.

"우리가 자습실에서 공부를 하고 있으려니까 교장 선생님께서 어떤 평복 차림의 신입생과, 큰 책상을 든 사환을 데리고 들어오셨다."로 시작하는 소설의 첫 번째 시점은 바로 루앙 중학교의 학생인 '우리'의 것이다. 루앙의 중학교에서 미래의 엠마 남편과 동급생이 될 이 '우리'의 눈에 비친 샤를르가 1부 1장의 전반부를 채운다. 샤를르가 중학교를 그만두면서 '우리'는 자취를 감추고, 소설은 샤를르의 성장과정과 그 이후의 삶을 전지적 관점에서 설명한다. 곧 이어 이 시점은 샤를르에게 옮아간다.

엠마가 처음 등장하는 것은 전적으로 샤를르의 시선에 의해서이다. 독자는 샤를르의 시선이 머무는 한도 내에서만 엠마의 모습을 볼 수 있을 뿐이다. 아몬드 모양으로 다듬은 손톱, 마른 손, 예쁜 눈, 목덜미 등등……. 베르토를 자유롭게 왕래하면서 엠마에 완전히 사로잡힌 샤를르가 집으로 돌아오면서 그녀의 과거를 이해하려 애써도, "그녀를 처음 만났을 때의 모습이나 혹은 조금 전에 막 헤어진 그녀의 모습 이외에는 도무지 그녀를 마음속에 떠올릴 수가 없었"던 것처럼, 독자 역시 엠마에 대해서는 샤를르의 인식에 흔적을 남긴 현상적인 것만을 알 수 있을 뿐이다. 인물이 등장하면 머리끝에서 발끝까지 '전신 초상화'를 그려주고 또 그의 과거를 요약해주는, 발자크까지 지속되었던 전통과 단절한 것이다. 오늘날 독자에게는 너무도 익숙한 주관적 시점의 체계적 사용이 당시로서는 혁신적인 것이었다.

주관적 시점의 이해를 돕기 위해 루앙의 오페라 장면을 예로 들어 보자. 오페라의 막이 오르고 소설이 보여주는 것은 「뤼시 드 람메르모르」가 아니라 오페라가 엠마에게 불러일으킨 일련의 인상들과 동일화 작용이다. 그래서 독자는 오페라의 줄거리를 제대로 알 수 없다. 엠마가 본 것은 도니제티의 오페라가 아니라 특별한 분위기 속에 있는 자기 자신이었기 때문이다. 그녀는 처녀시절 읽은 책의 세계 속으로 들어간 느낌이었고, 테너의 노래는 그녀에게 결혼과 불륜의 실패에 이르는 과거를 불러일으켰다. 2막에서 엠마는 테너에게 완전히 매료되어 그의 애인이 된 자신을 상상한다.

> 만약 우연이 도와주었더라면 (중략) 두 사람은 서로 알게 되었을 것이고 서로 사랑하게 되었을 것이다! 그녀는 그와 함께 유럽의 모든 왕국을 수도에서 수도로 여행하고, 그 외 피로와 자랑을 나누어가지고 그에게 던지는 꽃을 줍고 그녀 자신이 그의 의상에 수를 놓을 수가 있었을 것이다. 그리고 매일 밤 칸막이 좌석 저 안쪽 깊숙한 곳, 금빛 창살이 달린 창문 뒤에서 오직 그녀 한 사람만을 위해서 노래하는 저 영혼의 분출을 황홀하게 받아들였으리라. 그는 무대에서 연기를 하면서 그녀를 바라보았으리라. 그러자 그녀는 문득 광기에 사로잡혔다. 그가 지금 그녀를 보고 있는 것이다. 틀림없다!

주관의 지배는 결국 환각을 초래하기에 이르렀다. 그러나 레옹의 등장과 함께 3막이 오르자 "그 순간부터 그녀는 아무것도 듣고 있지 않았다." 그녀의 몽상에 불을 지피기 위해 오페라는 더 이상 필요치 않았기 때문이다. 이처럼 오페라 내내 독자에게 외부에 대해 약간을 그리고 내부에 대해 많은 것을 알려주는 것은 인물의 (의식의) 시점이다.

『마담 보바리』에서 주관적 시점은 단지 주요 인물에만 한

정되는 것은 아니다. 엑스트라에 해당하는 인물들이 여기저기서 시점을 빌려주기도 한다. 하지만 화자가 그 시선을 주로 차용하는 인물은 엠마와 샤를르, 로돌프와 레옹이다. 그런데 이들 인물과 화자의 시선 일치가 항상 계속되는 것도 아니고 이 네 명의 인물에 골고루 이루어지는 것도 아니다. 엠마의 정신세계를 전적으로 이해하고 재현하기 위해 화자와 엠마의 시선이 지속적으로 일치한다면 로돌프와 레옹의 시선과는 일시적으로 일치할 뿐이다. 사실 화자가 이 두 사람의 시점을 차용할 때는 단지 그들의 시야나 상상력에 드러난 엠마를 보여주기 위해서이지 그들의 내면을 보여주기 위해서가 아니다. 그들의 내면은 단지 엠마를 향한 이끌림이나 거부와의 관계에서만 다루어질 뿐이다. 소설적으로 두 인물이 단지 여주인공의 연인으로만 존재하는 이유가 바로 여기 있다. 샤를르의 시점 역시 주로 엠마를 보여주기 위해 사용되기는 하지만, 화자는 샤를르의 내면에도 초점을 맞춘다. 특히 소설의 마지막 장이 그러하다.

  소설이 유년기의 영상에 갑자기 사로잡힌 엠마의 꿈을 재현하는 장면은 말할 것도 없고, 방금 살펴본 오페라 장면처럼 엠마의 환상이 왜곡하여 인식한 현실을 제시하는 장면은 수없이 많다. 플로베르는 천재적으로 이러한 장면을 보여준다. 그는 갈고 닦은 은유와 우아한 문장으로 여주인공의 막연한 꿈과 모호한 의식의 내용들을 고정시켰다. 한편 화자는 엠마의 시선을 자기 것으로 하면서 동시에 교묘하게 그 주관적 시선을 비튼다. 2부 5장에서 그 한 예를 들어보자. 어느 날, 보바리 부부는 오메 가족과 레옹과 함께 용빌 근처에 새로 세워진 공장을 구경하러 갔다. 나들이 동안 엠마는 섬세하고 매력적인 레옹과 두드러지게 비교되는 진부하고 투박한 남편의 존재를 확인하고 레옹을 사랑하고 있음을 알게 된다.

> 고개를 돌리자, 샤를르가 거기에 있었다. 그는 챙 달린 모자를 눈썹 께까지 푹 눌러쓰고 위아래의 두터운 입술을 덜덜 떨고 있었기 때문에 한층 더 바보스럽게 보였다. 그의 잔등을, 그 태연한 잔등을 보기만 해도 짜증이 났다. 그녀의 눈에는 프록코트에 덮인 그 잔등 위에 그의 사람됨의 진부함이 온통 다 진열되어 있는 것만 같았다.
> 짜증스러운 기분 속에서도 일종의 잔인한 쾌감을 맛보면서 그녀가 남편을 바라보고 있는 동안 레옹이 한 걸음 앞으로 나섰다. 그는 추위로 창백해졌지만 그 때문에 얼굴엔 한층 더 감미로운 우수가 서린 것 같아 보였다. 넥타이와 목 사이로 조금 느슨해진 셔츠의 칼라가 살을 드러내 보이고 있었다. 한쪽 귀의 끝이 머리칼 다발 밑으로 나와 있고 구름을 쳐다보고 있는 크고 푸른 두 눈이 엠마에게는 산속의 하늘 비친 호수보다도 더 맑고

더 아름답게 보였다.

샤를르를 바라보는 엠마의 시선은 원한과 경멸로 일그러져 있다. 그의 모든 것, 외투조차도 그녀에겐 바보스러워 보인다. 그리고 그녀는 레옹을 바라본다. 이번엔 모든 것이 감미롭고 우아하게 보인다. 작가는 엠마의 생각을 하나의 이미지, 레옹의 푸른 눈으로 요약한다. "구름을 쳐다보고 있는 …… 산속의 하늘 비친 호수보다도 더 맑고 더 아름다운" 눈! 이 식상하고 상투적인 비교는 바로 엠마가 어떻게 통념에 의거해 현실을 이상화시키고 있는지 잘 보여준다. 아이러니는 바로 이 비교에, 전적으로 문체에 속하는 이 비교에 있다.

플로베르는 특히 같은 에피소드 내에서 교묘하게 한 시점에서 다른 시점으로 넘어가게 했다. 또 인물의 시점이 화자의 시점과 교묘하게 뒤섞이도록 만들었다. 프랑스어의 반과거와 자유간접화법을 통하여 인물과 화자의 시점을 자유자재로 이동하면서 외부 현실을 재현하기보다는 인물의 내면에 비친 '현실'을 보여줌으로써, '주관적 사실주의'라는 명칭을 얻게 되었다. 그리고 그 시점이 누구의 것인지 모호하게 만듦으로써 글쓰기의 새로운 문제를 제기하기도 했다. 강조해야 할 것은 이러한 기법을 다루는 플로베르의 능숙함이다. 헨리 제임스나 프루스트 같은 대작가들이 주목했던 것이 바로 이 기법이었고, 자신들의 소설 속에서 이를 활용하고 확장시켰다.

퇴고

루이즈 콜레에게 보낸 플로베르의 편지들은 『마담 보바리』의 창작 과정을 자세히 보여준다. 그는 연인에게 소설이 어디까지 진척되었는지 소상히 알리기도 하고, 하루 종일 몇 페이지를 끄적였으나 '제대로' 쓴 문장은 하나도 없었다고 절망스럽게 하소연하기도 한다. "한 주에 네 페이지", "한 페이지를 위해 닷새", "한 줄을 찾느라 이틀"…… 거의 모든 편지는 글쓰기의 어려움을 호소하고 있다. 머리에 떠오른 생각을 가장 정확하게 옮겨 줄 단어와 표현과 문장 구조를 찾기 위해 그가 한 퇴고의 흔적을 『마담 보바리』의 초고를 통해 확인해볼 수 있다. 앞뒤가 모두 깨알 같은 글씨로 뒤덮여 있는 1,788매에 달하는 초고는 42매의 시나리오와 490장의 최종 완결 원고와 함께 루앙 시립도서관에 소장되어 있다. 『마담 보바리』의 퇴고 작업을 자세히 살펴보려면 아마 소설의 몇 배에 달하는 페이지가 필요할 것이다. 다만 우리는 여기서 비개인성의 요구와 관련 있는 수정과 삭제의 몇 가지 예를 살펴보고자 한다.

『마담 보바리』의 초고를 살펴본 연구가들은, 작가의 감정과 판단을 드러내는 단어나 문장이 시간을 두고 사라지고 있음을 확인했다. 또 경우에 따라서는 인물의 감정을 직접적으로 나타내는 표현, 독자의 감성을 직접적으로 자극하는 표현을 피하고자 했다. 엠마의 장례식에서 샤를르와 루오 영감이 만나는 장면을 그 가장 간단한 예로 들 수 있다. "서로를 위로하며 눈물짓는 이 두 사나이의 모습보다 더 슬픈 것은 아무것도 없었다."라는 초고의 문장이 출판본에서는 사라졌다. 독자에게 인물이나 작가의 감정을 강요하지 않으려는 의도에서 나온 삭제이다. 작가는 이런 식의 직접적인 설명보다는 상황의 객관적 정황과 주관적 정황을 그 정확한 비율로 드러내 보여주면서 감동을 환기시키고자 했다.

루앙의 한 카페에서 레옹이 오메와 나누는 대화를 살펴보자. 오메에게 붙잡혀, 엠마가 기다리고 있는 호텔로 갈 수 없어 초조해 하는 레옹에게 오메가 그의 연애담을 알고 있는 듯한 말을 하는 장면이다.

"자넨 틀림없이 루앙에서 좀 굶주리고 있을 거야." 하고 그가 난데없이 불쑥 말했다. "게다가 좋아하는 사람들이 멀지 않은 곳에 있는데."
그리고는 상대가 얼굴을 붉히자,
"자아, 솔직히 고백하시지! 뭣을 숨겨, 용빌에서……."
청년은 말을 더듬었다.

"보바리 부인 집에서, 꾀어보려고 했잖아……."

"대체 누구를요?"

"하녀를 말이야."

초고의 "레옹은 파랗게 질렸다. 눈앞에서 불꽃이 어른거렸다."가 "상대가 얼굴을 붉히자."로, 초고의 "아! 이 자는 모든 걸 알고 있다! 분명해!"는 "청년은 말을 더듬었다."로 수정되었다. 인물의 감정과 상태를 화자의 입장에서 직접 '설명'하던 문장이 외부의 관찰자가 단순히 알 수 있는 사실의 '제시'로 바뀌었다. 간접화법으로 처리되었던 "아! 이 자는……" 대신 "말을 더듬었다."로 간결하게 함으로써 레옹의 생각을 직접적으로 드러내는 것을 피하는 한편 신속하게 이루어진 오메의 응수가 가져오는 효과를 최대한으로 하고 있다. 전체적으로 문장은 간결해졌고 레옹의 내면에 대한 설명이 사라졌지만 그를 환기시키는 효과는 오히려 배가되었다.

이와 동일한 효과를 노린 퇴고의 예는 2부 10장에서 찾아볼 수 있다. 새벽녘 로돌프의 성에서 돌아오던 엠마가 밀렵을 하던 비네를 만났고, 그에게 꼬투리를 잡힌 것이 아닌가 걱정하던 엠마가 저녁에 오메 집에서 비네를 만나는 장면이다.

(중략) 약제사가 말하기 시작했다.

"하긴 그리 좋은 날씨는 아니군요. 습기 때문이에요."

"하지만" 하고 세무 관리가 엉큼한 표정을 지으며 대답했다.

"그런 날씨를 잘 이용하는 사람도 있죠."

그녀는 숨이 막혔다.

"암시를 하는 것인가? 무례한 것인가? 정말 상스러운 작자야!"라는 초고의 문장이 "그녀는 숨이 막혔다."로 바뀌었다. 엠마의 마음에 일어나는 불안과 혐오의 어지러운 생각들을 간단한 태도의 지적으로 대신하고 있다. 또 초고에는 "농작물에는 아주 좋을 테니까요."라는 비네의 대사가 첨가되고 샤를르와 오메가 이 말을 다시 한번 합창한다. 그러나 이 모든 것이 출판본에서 사라졌다. 그 결과 독자는 엠마와 마찬가지로 비네의 말이 무엇을 의미했는지 모르게 된다. 그의 말이 엠마를 짓눌렀을 무게가 더욱 강하게 느껴지게 만든다. 대화의 암시 효과가 일층 강화되었다.

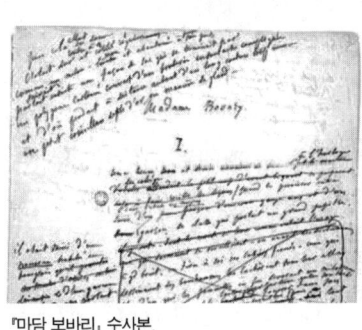
『마담 보바리』 수사본.

소송에서 현대문학의 전범(典範)으로

『마담 보바리』가 출판되어 오늘에 이르기까지 일으킨 반향을 크게 4 단계로 나누어볼 수 있다. 우선 1857년 1월부터 시작된 소송사건이 있다. 이어 작품이 사실주의의 완성과 자연주의의 시작으로 간주되는 단계가 있다. 그리고 20세기 초 플로베르의 작품들이 미학적 완성의 표본으로 간주되는 단계와 마지막으로 1950년 이후 누보로망의 '선구자'로 간주되게 되는 단계로 이루어진다.

법정에 선 『마담 보바리』

1857년 소설이 출판되자 파리 법정의 피나르 검사는 '공공의 도덕과 풍속'을 해친다는 명목으로 작품을 고발했다.

그는 논고에서 『마담 보바리』의 몇몇 장면들, 예를 들면 엠마와 로돌프의 용빌 숲에서의 장면이라든가 엠마와 레옹을 싣고 루앙 거리를 질주하는 마차 장면을 '불순하다'고 그 증거로 들었다. 그러나 이 장면들을 살펴보면 외설적이라 여겨질 만한 것은 없다는 것을 알 수 있다. 행위는 암시적으로 처리되었고, 스캔들을 불러일으킬 만한 행위에 대한 묘사는 없다. 더구나 엠마는 프랑스 문학사에서 최초로 부정을 저지른 여인도 아니지 않던가! 『마담 보바리』 이전에 또 그 당시에도 외설적인 행위를 직접적으로 표현했음에도 불구하고 무사했던 작품들은 많았다. 플로베르의 친구였고 당시 인기 작가였던 에르네스트 페도의 『파니』라는 소설만 해도, 외설(?)이란 측면에서 보자면 『마담 보바리』가 따라잡을 수 없는 작품이었다.

『파니』와 같은 소설이 무사히 출판될 수 있었던 이유는 부정한 인물들의 최후가 전적으로 불행했다는 점이다. 더 나아가 작품 속에 비도덕적인 인물을 질타하는, 다시 말해 악을 꾸짖는 목소리—그것이 인물의 입을 통해서든 아니면 화자의 직접 개입에 의해서든—가 반드시 있었다. 피나르 검사가 참을 수 없었던 것은 바로 간통을 한 여인 엠마가 아무런 후회 없이 당당하게 마치 승리자처럼 죽어가는 것이었고, 더구나 『마담 보바리』에는 그 어떤 차원에서도 도덕을 권고하는 목소리가 존재하지 않는다는 사실이었다. 달리 말하자면 작가가 교화적인 목소리를 소설 속에 넣지 않았다는 이유로, 소설에 작가의 목소리가 부재했다는 이유로, 즉 '비개인성'의 미학 때문에 플로베르는 법정에 소환되었다.

물론 피나르 검사는 비개인성이란 용어를 사용하진 않았다. 그는 『마담 보바리』를 예술의 이름으로가 아니라, 결혼·가족·사회·종교의 이름으로, 부르주아 도덕의 이름으로 고발했다. 피나르 검사는 예술적인 측면에서 플로베르의 천재성에 감탄하기도 했다. 다만 그 뛰어난 자질을 유용하게 사용하지 않았다는 점을 비난했다. 그러므로 검사의 논고는 논리적으로 모순이 없었다. "악이 초래하는 두려움으로 선을 권고"한다면서 『마담 보바리』의 도덕성을 강조했던 변호사보다 검사가 소설의 핵심을 정확히 간파하고 있었던 것이다. 하지만 문학에 대한 정반대의 시각을 가지고서 말이다.

사실 『마담 보바리』에서는 시대의 지적·도덕적 가치 시스템이 모두 흔들리고 있다. 오메의 부르주아 합리주의도 부르니시엥 신부의 종교도 엠마의 경우를 이해할 능력이 없다. 오랫동안 사회의 도덕적 기초를 제공해주던 종교는 우스꽝스럽기 짝이 없게 묘사되고, 또 여주인공의 종교적 열정 아래 드러난 것은 감각적이고 성적인 추구였다. 진보의 기치를 증명해 보일 수 있는 어떤 사람도 없다. 더구나 부르주아 합리주의의 대변자로 자처하는 오메가 보여주는 자기만족적이고 폐쇄적인 세계는 우스꽝스러움을 넘어 기이하기까지 하다. 『마담 보바리』에는 부르주아 합리주의가 종교와 연합하여 만든 19세기 부르주아 사회의 도덕을 흔드는 불안한 무엇이 있다. 그리고 그것은 어떤 장면이나 주제로부터 생겨난 불안함이 아니라 문체 그 자체가 만들어낸 불안함이고 전복의 힘이었다.

이런 종류의 소송은 예나 지금이나 문제가 된 작품을 선전해주는 효과가 있다. 『마담 보바리』의 상업적 성공에 이 소송이 한 몫을 담당했다고 해도 크게 잘못된 말은 아닐 것이다. 플로베르는 이 한 권의 소설로 유명인사가 되었고, 사실주의 유파의 대변인으로 간주되게 되었다.

사실주의 작품?

1857년 당시 사실주의의 선두주자로 잡지 『리얼리즘』을 이끌던 뒤랑티가 『마담 보바리』를 사실주의 유파의 글쓰기로 인정한 이후, 사실주의나 자연주의 유파는 『마담 보바리』를 그 중요 작품으로 간주해왔다. 철저한 사료수집, 이를 바탕으로 한 정확하고 객관적인 묘사, 평범하고 일상적인 인물과 삶을 소재로 삼은 점 등을 고려해볼 때 『마담 보바리』는 분명 뛰어난 사실주의 작품이다.

하지만 우리는 플로베르의 세계가 객관적 현실의 충실한

재현이라는 좁은 의미의 사실주의를 넘어선다는 것을 살펴보았다. 또 플로베르는 자신이 사실·자연 주의 작가로 간주되는 것을 결연히 거부했다. 이는 그것이 무엇이든 어떤 파에 속하는 것을 체질적으로 싫어했던 그의 성격에서 기인하기도 하지만, 무엇보다 그의 눈에는 이 유파들이 예술의 존재이유인 미에 대해서 소홀히 하고 있다는 점 때문이었다.

그는 낭만주의의 부정확함과 과장만큼이나 문체를 등한시하는 사실주의 작가들을 싫어했다. 그에게 예술은 현실의 단순한 복사도 시적인 영감의 산물도 아니다. 소설은 현실을 그대로 반영하는 현실과 유사한 산물도 아니지만, 허구 속에 구성된 총체적인 특징들이 현실에 의해 보증되어야 하는 것이다. 사실주의 작가들에게 중요한 것은 진실이었고, 그들은 현실의 정확한 묘사에 의해 그 목표에 이를 수 있다고 생각했다면, 플로베르에게 진실이란 바로 아름다움이었고 현실의 정확한 묘사는 이 아름다움에 이르는 하나의 방법이었다. 이 아름다움은 사물, 인물, 외부세계가 맺고 있는 관계를 가장 정확한 비례와 균형 속에서 제시함으로써 얻을 수 있는 어떤 것이었다. 고행에 가까웠던 그의 글쓰기의 어려움은 이렇게 설명될 수 있다. 현실은 그에게 예술의 '절대현실'에 이르기 위한 도약판이었던 것이다.

새로운 예술의 시작

20세기 초부터 『마담 보바리』에 대한 관심은 사실주의의 관심과는 다른 방향에서 이루어진다. 플로베르가 원했던 대로 '문체'가 열광의 대상이 되었다. 이 점에서 중요한 역할을 했던 작가는 바로 영미작가 헨리 제임스였다. 1902년 『마담 보바리』의 영어 번역본 서문에서 그는 한 보잘것없는 여주인공의 이야기를 통해 결국 프랑스 문학이 그 이전에 알지 못했던 예술적 응집의 상태를 획득하게 되었다고 강조했다. 『마담 보바리』가 가져온 놀라움은 어떤 형식의 발명이며 이로 이 작품의 모든 의미가 설명될 수 있다고 했다. 특히 그는 플로베르에 의해 완성된 주관적 시점에 대해 치밀한 분석을 했고, 플로베르가 지속적으로 사용했던 이 기법은 유럽 소설에 혁신을 가져왔다고 격찬했다.

플로베르가 없었다면 프루스트도 없었을 것이라고 말한다면 지나친 과장일지도 모른다. 하지만 프루스트가 『잃어버린 시간을 찾아서』에서 줄곧 사용하고 있는 주인공—화자 시점은 플로베르가 새로운 경지로 올린 주관적 시점의 확장된 형태라고 할 수 있다.

1919년과 1920년 플로베르의 문체에 대해 『NRF(*La Nouvelle Revue Française*)』지에서 벌어졌던 프루스트와 문학비평가 티보데의 논쟁은 플로베르가 독특하게 사용했던 불어 시제,

현재분사, 접속사 et, 인칭대명사, 전치사 등에 대한 관심을 불러일으켰다. 프루스트는 칸트의 철학이 사물을 바라보는 시선을 혁신한 것처럼 플로베르의 문체 역시 세상을 새롭게 바라보게 했다고 격찬했다.

누보로망과 플로베르

 1960년대 프랑스에서는 소설이란 장르에 대해 전적으로 새로운 질문을 제기하며 새로운 글쓰기를 추구한 일련의 움직임이 있었는데, 이를 누보로망이라고 부른다. 샤로트, 시몽, 로브그리에, 뷔토르 등을 그 대표적 작가들로 들 수 있다. 이들은 공히 발자크식의 전통적인 소설, 객관적 사실묘사와 합리주의적 심리분석을 기축으로 하는 소설형식에 대해 거부했다. 누보로망계의 소설은 흔히 원인과 결과에 의해 설명되고 이야기될 수 있는 줄거리라는 것이 거의 없고 (그러므로 인과관계에 의한 인물의 심리도 없다), 등장인물도 나왔다가는 사라져버리고, 또 과도한 묘사로 독자를 절망(?)에 빠뜨리기 일쑤이다. 그런데 이야기와 인물을 해체시키는 이러한 '실험적인' 방법은 동일한 세상을 표현하는 여러 방법 중의 하나가 아니라, 세계관의 변화가 필연적으로 가져온 결과이다. 전통적인 소설이 인과관계에 의해 설명 가능한 인간과 세계라는 생각 위에 기초하고 있다면 누보로망은 세계에 대한 이러한 세계관을 부정한다.

누보로망의 작가들은 플로베르에게서 선구자로서의 면모를 발견했다. 물론 누보로망의 경향을 강하게 예고하고 있는 것은 『마담 보바리』보다 점점 줄거리가 사라지는 『감정교육』과 『부바르와 페퀴셰』이다. 하지만 이미 『마담 보바리』에도 '소설적인' 요소의 사라짐은 눈에 띈다. 1965년 발표된 「선구자 플로베르」라는 글에서 샤로트는 『마담 보바리』의 작가가 보여준 줄거리의 무시와 묘사에 부여된 중요성을 강조했다. 그녀에 의하면 플로베르는 추상소설에의 길을 열었고 소위 사실주의란 그의 보다 깊은 이상을 숨기기 위한 구실에 지나지 않았다고 주장했다.

현대문학의 전범(典範)

누보로망 작가들과 더불어 플로베르에 대한 관심이 형식주의적 독서로 옮겨왔다. 이러한 독법은 1960년대와 1970년대 문학비평계에도 이어진다. 『마담 보바리』는 문학비평의 거대한 조류들이 만나는 일종의 토론장이 되었다. 문학사회학, 정신분석, 테마비평, 담화분석의 관점에서 수많은 연구가 이루어졌고, 모두가 『마담 보바리』를 자료로 삼아 그들의 독특한 영역을 다지고 개념적 도구들을 벼렸다. 게다가 문학장과 떨어져 있는 철학자, 역사학자, 사회학자들도 문학에 있어 현대성의 기원이 된 플로베르에 대해 관심을 가졌다. 플로베르는 한번은 짚고 넘어가야 할 어떤 관문이 된 것이다.

바르트는 『영도의 기술』에서 플로베르로부터 시작된 '언어의 장인'이라는 전통의 역사적 의미를 규명했다. 바르트에 의하면 플로베르의 생각과 글쓰기가 플로베르라는 한 작가의 개인적 천재성에서 나온 어떤 기발한 돌출물이 아니라, 19세기 부르주아 사회 속에서 예술이 찾아낸 한 존재방식을 플로베르가 다른 사람에 앞서 잘 구현해 주었다는 것이다. 지극히 개인적인 차원의 문제인 듯한 플로베르의 '문체의 고통'을 역사적인 시각에서 조명한 바르트의 연구와 더불어 '문체의 고통'은 현대문학의 신화가 되었다.

1971년과 1972년 사람들은 노령의 한 대철학자의 저서를 앞에 두고 어리둥절해 했다. 사르트르가 쓴 플로베르에 대한 전기적 비평서인 『가문의 백치』였다. 우선 3천여 쪽이라는 분량에 사람들은 압도당했다. 이어 정신분석적 비평, 마르크시즘적 비평, 사회학적 분석, 인류학적 비평 등 다양하다 못해 서로 충돌하는 분석 잣대와 과학적 언어와 이데올로기적 언어의 혼용이 현기증을 불러일으켰다. 플로베르의 모든 것을 이해하고 모든 것을 설명하겠다는 야심의 『가문의 백치』는 보는 이에 따라서는 방대한 종합으로 인식되기도 하고 많은 플로베르 연구가들에게는 '플로베르를 결코 이해할 수 없는 사르트르가 쓴 플로베르 연구'로 보이기도 했다. 사르트르 자신도 이 저서를 '소설'로 읽어주길 바란다는 이야기를 했다. 어쨌든 사르트르의 이 대작은 20세기의 한 거장 사르트르에게 19세기의 한 작가 플로베르가 평생의 화두였음을 보여준다. 이처럼 플로베르의 세계는 20세기에도 여전히 문제적인 것이었다. 참고로 '가문의 백치'란 제목은 플로베르가 어렸을 때 글을 늦게 깨우쳤다는 일화로부터 착상을 얻은 것이다.

2 리라이팅

Madame
Bovary
마담 보바리

『마담 보바리』의 시점과 표현을 최대한 살리고자 노력하면서

작품을 요약했고, 중간 중간 원문을 번역하여 실었다.

불어 원본으로는 1971년 가르니에(Garnier) 출판사의

고토 메르슈(Gothot-Merche) 판(版)을 사용했고,

번역본 『마담 보바리』(김화영 옮김, 민음사)를 참조했음을 밝힌다.

원문 번역 속의 [ ]는 역자의 것이고, ( )는 플로베르의 것이다.

마담 보바리

제1부

샤를르 보바리(1장)

 우리가 자습실에서 공부하고 있을 때 교장 선생님께서 신입생을 데리고 들어오셨다. 그 신입생은 우리보다 두 살 정도 많은 시골뜨기로 우스꽝스런 복장만큼이나 우둔한 행동거지로 반 아이들의 놀림감이 되었다. 그의 이름은 샤를르 보바리로, 부모는 코 지방과 피카르디 지방의 경계에 있는 마을에 은퇴해 살고 있었다. 그의 아버지는 인생에서 끊임없이 실패를 거듭한 사람이고, 그의 어머니는 남편에 대한 실망을 아들에 대한 애정과 희망으로 보상받고 있었다.

열심히 공부한 덕분에 그는 반에서 중간 수준 정도를 유지했다. 그러나 3학년이 끝나갈 때, 그의 부모는 아들에게 의학 공부를 시키기 위해 학교를 그만두게 했다. 그러나 술집과 게임과 여자를 알게 된 샤를르는 첫 번째 공의(公醫) 면허 시험에서 낙방했다. 마음을 다잡고 모든 문제를 다 암기할 정도로 시험 준비에 매달린 결과 그 다음 시험에 합격했다. 그의 어머니는 그를 토트에 개업시키고 아내도 구해주었다. 마흔다섯 살의 과부로 돈이 많은 여자였다. 못 생기고 장작개비처럼 깡마른 이 여인은 자기 방식으로 보바리를 사랑했으나, 그에게 결혼 생활은 감옥 같았다.

샤를르와 엠마의 만남(2장)

어느 겨울 밤, 보바리는 베르토의 한 농가로 왕진을 나갔다. 농장주 루오 영감의 다리가 부러졌던 것이다. 인근에서 잘사는 축에 속하는 루오 영감은 2년 전에 아내를 잃고 지금은 딸과 함께 살고 있었다. 보바리는 루오 영감의 딸에게 마음이 끌렸고, 이따금씩 착각한 체하면서 찾아가는 것 말고도 일주일에 두 번씩 농장을 방문했다. 그는 자기가 왜 즐겨 베르토를 찾아가곤 하는지를 구태여 알려고 하지 않았다. 설사 그런 생각을 해보았다 하더라도 틀림없이 자기가 열을 올리는 까닭은 환자의 증세가 심각하기 때문이라거나 아니면 수

입에 대한 기대 때문이라고 치부했으리라. 그렇지만 농장을 찾아가는 일이 따분한 일과 속에서 매력적인 예외가 된 것이 과연 그 때문만이었을까? 아내는 본능적으로 눈치를 챘다. 질투에 불타는 그녀의 잔소리에 지쳐 샤를르는 이 방문을 중단했다.

이른 봄, 그녀의 재산 관리자가 돈을 모두 가지고 사라졌다. 이 일로 그녀는 시부모와 한판 싸운 뒤 갑작스럽게 죽었다. 묘지에서 돌아온 샤를르는 어두워질 때까지 괴로운 몽상에 잠겼다. 어쨌든 아내는 자신을 사랑하지 않았던가?

청혼(3장)

얼마 후 루오 영감이 아내를 여읜 샤를르를 위로하기 위해 농가로 초대했다. 이후 자유롭게 베르토를 방문하면서 샤를르는 엠마에게 매료되고, 구혼을 결심했다. 하지만 기회가 올 때마다 적절한 말을 찾아내지 못하면 어쩌나 하는 두려움 때문에 입술은 들러붙어 버렸다. 그러나 청혼은 이루어졌다. 결혼식은 다음 해 봄으로 잡히고, 겨울 동안 결혼 준비가 이루어졌다. 엠마는 횃불을 환하게 켜고서 자정에 결혼식을 하고 싶어 했는데 루오 영감은 딸의 이러한 생각을 도무지 이해할 수 없었다.

결혼식(4장)

시골의 결혼식은 엠마의 기대처럼 낭만적이기보다는 투박하고 수수했다. 이른 아침부터 나름대로 성장을 한 손님들이 가지각색의 마차를 타고 도착했다. 교회에서 식이 끝나자 농가로 돌아온 손님들은 풍성한 잔칫상을 받았고 잔치는 밤새도록 계속되었다. 연회석상에서 샤를르는 전혀 빛이 나지 않았다. 손님들이 던지는 아슬아슬한 농담에 연신 맥빠지게 대답할 뿐이었다. 하지만, 다음 날이 되자 그는 딴 사람 같아졌다. 어제까지 처녀는 샤를르였다고 여겨질 지경이었다. 신부 쪽에서는 이렇다 할 낌새를 전혀 드러내 보이지 않았다. 결혼식 이틀 후 신혼부부는 신부의 집을 떠나 토트로 돌아왔다.

결혼 생활에 실망하는 엠마(5장)

샤를르는 행복했다. 일상의 사소한 것까지 엠마 곁에서 햇볕을 받아 반짝반짝 빛을 내고 있는 듯 모든 것이 경이로웠다. 하지만 새 신부는 불행했다. 소녀 시절 읽었던 책 속에서 그렇게 아름다워 보였던 희열이니 정열이니 도취니 하는 말들을 자신의 결혼 생활에서는 느낄 수 없었던 것이다.

수도원에서 보낸 엠마의 소녀 시절 (6장)

엠마가 열 세 살 때 루오 영감은 딸을 수도원 부속 기숙사에 넣었다. 엠마는 수도원 생활이 마음에 들었다.

> 고해하러 갈 때면, 엠마는 사소한 죄들을 지어내곤 했다. 조금이라도 더 오랫동안 어둠 속에 무릎을 꿇고 두 손을 모은 채 얼굴을 격자에 붙이고 신부님의 나직한 속삭임을 듣고 싶었기 때문이다. 설교 속에 되풀이 되어 나오는 약혼자, 남편, 천상의 연인, 영원의 결혼 등의 비유는 그녀의 영혼 깊은 곳으로부터 뜻하지 않은 감미로움을 불러일으키곤 했다.
> 기도하기 전의 저녁시간에는 자습실에서 종교서적을 읽었다. 평일에는 성서 요약집이나 프레시누스 신부의 『교리강론』을 읽었고, 일요일에는 기분 전환으로 『기독교 정수』의 구절들을 읽었다. 처음 한동안 그녀는 낭만적 우수의 낭랑한 탄식이 지상과 영원의 세계에 되풀이되며 메아리치는 소리에 얼마나 열심히 귀를 기울였던가! 만약 엠마가 저잣거리의 상점 뒷방에서 어린 시절을 보냈다면 아마도 그때 그녀는 일반적으로 작가들의 중재를 통해서야 비로소 우리에게 전해지는 대자연의 서정적 밀물에 마음을 활짝 열어놓았을 것이다. 그러나 엠마는 시골을 너무나 잘 알고 있었다. 가축의 울음소리도 소 젖 짜기도 가래질도 잘 알고 있었다. 시골의 조용한 생활에 익숙한 그녀는 오히

려 파란만장한 것에 마음이 갔다. 폭풍우가 있기에 바다가 좋았고, 푸른 초목은 오로지 폐허 속에 드문드문 자리할 때만 좋았다. 그녀는 무슨 일에서나 뭔가 개인적인 이득 같은 것을 얻지 않고는 성이 차질 않았다. 감정적 욕구를 당장에 만족시키는 것이 아니면 무엇이나 다 소용 없는 것으로 여겨 물리쳤다. 예술적이기보다는 감상적인 기질로 풍경이 아니라 뭉클한 감동을 찾는 편이기 때문이었다.

수도원에는 매달 일주일씩 옷과 침구를 손질하러 오는 노처녀가 있었다. 대혁명 때 몰락한 옛 귀족 집안 출신이어서 대주교의 비호를 받고 있는 그 여자는 식당에서 수녀들과 같은 식탁에 앉아 식사를 했고 식사가 끝난 뒤 다시 일을 하러 올라가기 전에 수녀들과 한동안 잡담을 하곤 했다. 기숙생들은 곧잘 자습실을 빠져나와 그녀를 찾아갔다. 그녀는 지난 세기의 사랑노래를 몇 개씩이나 외우고 있어서 바느질을 하면서도 나직한 목소리로 그런 노래들을 불렀다. 그 여자는 여러 가지 이야기를 들려주었고 바깥소식을 알려주거나 마을에 가서 심부름도 해다 주었고 언제나 앞치마 호주머니 속에다 소실책을 숨겨가지고 들어와 상급생들에게 몰래 빌려주기도 했다. 또 그녀 자신도 일하는 틈틈이 그 책의 긴 장들을 정신없이 읽어 넘기곤 했다. 그 내용은 언제나 사랑, 사랑하는 남녀, 쓸쓸한 정자에서 기절하는 박해받은 귀부인, 역참마다 살해당하는 마부들, 페이지마다 지쳐 쓰러지는 말들, 어두운 숲, 산란한 마음, 맹세, 흐느낌, 눈물과 키스, 달빛 속에 떠 있는 조각배, 숲속의 밤 꾀꼬리, 사자처럼 용맹하고 어린 양처럼 부드럽고 더할 수 없는 미덕의 소유자로서 언제나 말쑥하게 차려입고 울 때는 물동이처럼 눈물을 평평 쏟는 신사 양반들에 대한 것들뿐이었다.

열다섯 살 때 엠마는 반년 동안 낡은 도서대여점의 책 먼지로 손을 더럽혔다. 그 뒤에는 월터 스콧을 읽고 역사물에 열중하여 여행용 궤짝, 위병대기소, 음유시인을 동경했다. 그녀는 해묵은 장원에서 긴 드레스를 입은 성주마님, 중세풍 클로버 형 아치 아래에서 돌 위에 팔꿈치를 대고 두 손으로 턱을 괸 채 아득한 들판 저쪽에서 흰 깃털로 장식한 기사가 검정말을 타고 달려오는 것을 바라보면서 세월을 보내는 성주마님처럼 살고 싶었다.

엠마의 천부적 소명의식을 굳게 믿고 있었던 수녀들은 언제부터인가 그녀가 자기들이 감당할 수 있는 한계를 벗어난 것을 알게 되었다. 장식해 놓은 꽃들 때문에 교회를, 연애 가사 때문에 음악을, 정열을 자극하기에 문학을 사랑했던 격정적이지만 실제적인 이 소녀는 차차 신앙의 신비에 반항하게 되었고 자신의 기질에 맞지 않는 규율에 화를 내게 된 것이었다. 루오 영감이 딸을 기숙사에서 퇴거시킬 때, 그녀가 떠나는 것을 안타까워 한 사람은 아무도 없었다.

결혼 생활의 실상(7장)

보바리의 기쁨과 행복은 날로 커져만 갔다. 엠마는 집안 살림도 잘 했을 뿐만 아니라 그림도 그리고 피아노도 연주하며 우아하게 손님 접대도 할 줄 하는 이상적인 아내였다. 하지만 새 신부에게 신랑은 조금의 신비감도 세련됨도 반짝임도 없는 사람이었다.

> 아마도 그녀는 이런 모든 것들[신혼에 대한 그녀의 낭만적인 몽상]을 누구에겐가 털어놓고 싶었으리라. 그러나 뜬구름처럼 변화무쌍하고 바람처럼 소용돌이치는 이 종잡을 수 없는 불안을 어떻게 설명한단 말인가? 그녀는 마땅한 말이 생각나지 않았다. 따라서 기회도, 용기도 없었다.
>
> 그래도 만약 샤를르가 마음을 기울였더라면, 짐작이라도 해주었더라면, 만약 단 한번이라도 그의 눈길이 엠마의 생각에 닿았더라면, 손만 뻗으면 떨어지는 과수원의 잘 익은 과일처럼 그녀의 가슴에 넘치는 상념들이 몽땅 쏟아져 나왔으리라. 그러나 부부 생활이 익숙해 갈수록 내면의 간격이 벌어졌고 그녀를 남편에게서 멀어지게 했다.
>
> 샤를르가 하는 말은 보도처럼 밋밋해서 지극히 상식적인 생각들이 평상복을 입고 그곳을 줄지어 지나갈 뿐 감동도, 웃음도, 몽상도 자아내지 못했다. 그는 루앙에서 사는 동안 한번도 극장

에 가서 파리에서 온 배우들을 구경하고 싶다는 호기심을 가져 본 적이 없었다고 스스로 말했다. 그는 수영도 검술도 할 줄 모르고, 권총도 쏠 줄 몰랐다. 어느 날 엠마가 소설을 읽다가 마주친 승마 용어를 그는 설명해 주지 못했다.

그런데 남자란 모름지기 모르는 것이 없고, 갖가지 일에 뛰어나며 박력이 넘치는 정열, 세련된 생활, 신비로운 온갖 세계로 인도해 주는 안내자여야 하지 않은가? 그러나 이 남자는 무엇 하나 가르쳐주지도, 무엇 하나 아는 것도 없고 무엇 하나 바라는 것도 없었다. 그는 그녀가 행복하다고 믿고 있는 것이었다. 그녀는 그를 미워하고 있었다. 너무나 흔들림 없는 그의 이 평온과 이 태연한 둔감, 그녀 자신이 그에게 안겨주고 있는 바로 그 행복까지도 원망스러웠다.

얼마 동안 엠마는 자기가 옳다고 생각하는 이론에 따라 남편의 사랑을 느껴보고자 애썼다. 달밤에는 뜰에 나가 알고 있는 모든 연애시를 그에게 읊었고 한숨을 지으면서 우수에 찬 아다지오를 노래해 주었다. 이렇게 그의 심장에 부싯돌을 문질러 보았지만 불꽃이 일지 않는 것을 보자, 엠마는 샤를르의 정열에는 이제 더 이상 남다른 것이라곤 없다고 간단히 믿어버렸다. 보바리 부인에게 이제 결혼 생활은 따분하고 권태로운 것일 뿐이었다. 게다가 며느리에게 아들의 사랑을 뺏긴 시어머니는 새 신부를 곱게 보지 않았다. 한편 9월 말 경, 다람쥐 쳇바퀴 돌듯 이어지는 엠마의 단조로운 일상을 끊어줄 사건이 일어났다. 보비에사르에 있는 당데르빌리 후작 댁에 보바리 부부가 초대를 받은 것이었다.

보비에사르 성 체류(8장)

보비에사르 성에서의 만찬과 무도회. 처음 접하는 귀족 사회의 화려함과 사치, 그리고 연애를 위해 태어난 듯한 선남선녀 속에서 보바리 부인은 모든 것이 황홀하고 경이로울 뿐이었다. 새벽까지 계속된 무도회에서 엠마는 모두들 자작이라 부르는 한 신사와 왈츠를 추었다. 무도회가 끝난 새벽, 침실로 돌아온 엠마는 얼마 후면 떠나야 할 이 호사스런 생활의 환영을 더 오래 간직하기 위해 깨어 있으려고 애썼다.

토트로 돌아온 다음 날부터 무도회를 추억하는 것이 엠마의 일거리가 되었다. 잊지 않으려는 그녀의 노력과는 상관없이 보비에사르의 기억은 점점 희미해지고 아쉬움과 회한만 남게 되었다.

엠마의 몽상과 신경쇠약(9장)

보비에사르 성에서 돌아오던 길에 주운 여송연 케이스, 함께 왈츠를 춘 자작의 것이라고 엠마가 짐작하는 그 케이스가 그녀의 상상력에 새로운 자료를 제공했다. 엠마는 자작이 살고 있을 파리를 동경하게 되었다. 파리 지도를 펴고 손가락으로 더듬으며 이곳저곳 방문하거나, 여성잡지를 구독하면서 연극이나 경마 그리고 야유회에 대한 기사 등 파리 생활에 관계된 모든 것을 열심히 읽었다. 이전의 하녀를 내보내고 고아 소녀를 고용해 마치 귀부인 시중을 드는 몸종 같이 교육시켰다. 하지만 그 무엇도 그녀의 뚜렷하지 않는 욕망을 충족시켜주지 못했고, 그럴수록 바보스럽고 둔하며 야심이라곤 찾아볼 수 없는 남편에게 더욱더 화가 날 뿐이었다. 수평선 안개 속에서 흰 돛단배가 나타나길 기다리는 조난당한 선원처럼 매일 아침 엠마는 뭔가 사건이 일어나길 절망스럽게 기다렸다.

시간이 흘러 계절이 바뀌지만 아무 일도 일어나지 않는 나날이 계속되었다. 엠마는 더 이상 가사를 돌보지 않았고 신경질이 늘고 변덕스러워졌다. 보비에사르 성에서 연회가 있고 1년 반이 지난 뒤, 엠마는 신경쇠약에 걸려 있었다. 아내가 토트에 대한 불평을 끊임없이 늘어놓았기 때문에, 샤를르는 4년 동안 터를 잡았던 토트를 떠나 용빌로 이사하기로 결심했다. 그들이 토트를 떠날 때 엠마는 임신 4개월이었다.

제2부

용빌-라베이와 그 주민들(1장)

용빌-라베이는 루앙에서 팔 십리 떨어져 있는, 광장 입구에 교회가 있고 그 광장의 반을 차지하는 시장이 있는, 큰 길이라곤 하나 밖에 없는 조그마한 마을이다. 평범한 이 마을에서 눈길을 끄는 것이 있다면 금사자 여관 앞에 있는 오메 씨의 약국인데, 진열창이 밝혀지는 저녁이 되면 더욱 그랬다.

의사 부부가 도착하기로 되어 있는 날, 여관 여주인은 하숙생들과 새로 이웃이 될 의사 부부의 식사를 준비하느라 분주했다. 그녀가 약사 오메와 이야기하고 있는 동안, 6시가 되자 어김없이 세금 징수관 비네가 저녁을 먹기 위해 여관으로 들어왔고 마을의 부르니지엥 신부가 지나갔다. 멀어지는 신부의 등 뒤에 대고 약사는 교회와 성직자들에 대한 비난의 연설을 한 바탕 펼쳐놓았다. 이윽고 보바리 부부와 옷감 장수 뢰르를 태운 마차 제비가 도착했다.

금사자 여관에서의 저녁 식사(2장)

마차에서 내린 보바리 부부는 금사자 여관에서 저녁 식사를 했다. 약사 오메가 샤를르를 상대로 마을의 위생조건과 기후에 대해 이야기하고 있는 동안, 엠마는 금발의 청년 레옹

뒤피와 이야기를 나누었다. 오메의 집에 방 하나를 세내어 살고 있는 그는 공증인 사무실의 서기였다. 바다, 호수, 음악, 책에 대해 나눈 낭만적인 대화를 통해 엠마와 레옹은 동일한 취미와 취향을 가지고 있음을 확인했다.

마을이 모두 잠든 시각 보바리 부부는 이사한 집으로 돌아갔다. 엠마가 낯선 곳에서 잠을 자는 것은 이번이 네 번째였다. 처음은 수도원에 들어가던 날, 두 번째는 토트에 도착했을 때, 세 번째는 보비에사르에서였다. 매번 낯선 장소는 그녀의 인생에 있어 새로운 국면의 시작과도 같은 것이었다. 그녀는 새로운 희망에 부풀었다. 지금까지 가졌던 몫이 좋지 않았으므로 이제 남은 몫은 아마 더 나은 것이 되리라 생각했다.

베르트의 출생과 유모 집 방문(3장)

약사 오메가 보바리 부부의 더할 나위 없이 좋은 이웃으로 처신했다. 그가 아첨에 버금가는 친절을 이 부부에게 베풀며 노리는 것은 언젠가 자신의 무면허 의료 행위가 발각될 경우 의사의 입을 막기 위해서였다.

환자들이 오지 않았기 때문에 샤를르는 풀이 죽어 있었다. 게다가 엠마의 몸치장과 이사에 돈을 너무 써버렸기 때문에 돈 문제도 걱정이었다. 다행히 아내의 임신이 그의 마음을 달래주었다. 엠마는 자신의 임신 사실에 몹시 놀랐지만 이윽고 엄마가 되는 것이 어떤 것인지 알고 싶어 빨리 아기를 낳고 싶어 했다. 하지만 원하는 대로 출산준비를 할 수 없자 시들해져 버리고 말았다. 엠마는 아들을 원했다. 사내아이를 낳는다고 생각하니 마치 자신이 할 수 없었던 일들에 대해 보상받는 기분이었다. 남자로 태어나면 적어도 자유로울 수 있지 않은가! 엠마는 딸을 낳았고, 세례식 후 목수 부인인 롤레에게 갓난아기를 맡겨 버렸다.

어느 날, 엠마는 아기가 갑자기 보고 싶어졌다. 산후 근신 기간이 지났는지 확인도 하지 않고 길을 나선 그녀는 걸어가면서 기력이 빠지는 것을 느꼈다. 우연히 만난 레옹의 도움을 받아 팔짱을 끼고 마을 끝 언덕 아래에 있는 유모의 집으로 갔다. 그날 저녁 당장 그 일은 용빌 전체에 알려졌고 면장 부인은 보바리 부인이 손가락질 받을 처신을 하고 있다고 공언했다.

감미롭고 그윽한 꿈같았던 이 산책 후 레옹에겐 용빌 사람들이 참을 수 없는 족속들로 여겨졌다. 그러나 따분한 이 인간 군상들을 배경으로 엠마의 모습은 외따로 뚜렷하게, 그러나 보다 더 아득하게 멀리 떠 있었다.

용빌에서의 삶(4장)

일상은 여전히 단조롭게 계속되었다. 엠마는 매일 레옹이 지나가는 것을 창문 너머로 바라보았다. 오메는 저녁 식사 중에 찾아와선 신문에 난 소식을 전해주거나 화제가 궁해지면 눈앞에 보이는 음식들에 대해 이것 저것 놀라울 정도로 주워섬겼다. 이 약사 집의 밤 모임은 인기가 없었으나, 보바리 부부와 레옹만이 그 모임에 유일하게 빠지지 않고 참석했다. 의사와 약사가 트럼프나 도미노 게임을 즐기는 동안, 엠마와 레옹은 이들과 떨어져 유행잡지를 같이 보거나 레옹이 엠마에게 시를 낭송해 주었다. 흔히 레옹이 낭송을 그칠 무렵, 두 남자는 잠들어 있었다. 그러면 두 사람은 소근소근 이야기를 주고받았다. 옆에서 듣는 사람이 없는 대화는 더욱 감미로웠다. 이렇게 두 사람 사이에 일종의 결속감이 생겨났고 끊임없이 책이나 사랑 노래를 서로 주고받았다. 보바리 씨는 질투를 모르는 사람이어서 그걸 이상하게 여기지 않았다. 이윽고 두 사람은 선물을 교환하게 되었다. 레옹은 엠마에게 자신의 마음을 고백하고 싶지만 두려움과 부끄러움과 소심함 사이에서 주저했다.

사랑을 느낀 엠마의 갈등(5장)

이월 어느 날, 보바리 부부는 오메 가족, 레옹과 함께 용빌 근처에 새로 세워진 공장을 구경하러 갔다. 나들이 동안 엠마는 섬세하고 매력적인 레옹 곁에서 더욱 두드러지게 비교되는 진부하고 투박한 남편이란 존재를 확인하고, 레옹을 사랑하고 있음을 알게 된다. 능숙하고 교활한 장사꾼 뢰르가 물건을 팔기 위해 그녀를 방문한 것은 바로 그 다음날이었다. 그는 조심스레 알제리아 비단 목도리, 영국제 바늘, 고급 세공 계란 받침 따위를 꺼내놓으며, 주저하는 보바리 부인에게 외상으로 거래할 수 있으며, 필요하다면 돈까지 꾸어 줄 수 있다고 암시했다.

한편 엠마는 레옹에게 쌀쌀하게 대했다. 엠마의 말과 행동이 완전히 달라졌다. 집안일에 힘썼고, 빠짐없이 교회에 나갔고, 하녀에게 엄격하게 대하기 시작했다. 유모한테 맡겼던 베르트를 데려오고, 샤를르의 말에 군소리 없이 따랐다. 엠마가 너무나도 정숙하고 근접하기 어려워 보였기 때문에 레옹은 막연히 품고 있던 희망마저도 버려야했다. 그에게 그녀는 하늘로 승천하는 숭고한 존재처럼 기막히게 높이높이 떠올라 육체를 벗어난 어떤 존재였다.

그런데 사람들이 칭찬해 마지않는 훌륭한 어머니, 사랑스런 아내, 자비로운 의사부인으로서의 엠마의 모습은 사실 내부의 고통스런 갈등을 감추고 있었다. 그녀 속에서는 레옹을 향한 욕망과 정숙한 여자로 남아있어야 한다는 자존심의 싸움이 끊임없이 계속되고 있었다. 더구나 샤를르가 자신의 극심한 고통을 조금도 눈치 채지 못하고 있는 것 같아 그녀는 더욱 울화가 치밀었다. 대체 누구를 위해 정조를 지키고 있단 말인가? 샤를르야 말로 모든 행복의 장애, 모든 비참의 원인이 아니던가? 엠마는 좀 더 정당한 이유로 샤를르를 미워하고 복수할 수 있도록 그가 자기를 때려주었으면 좋겠다고 생각했다.

신부를 찾아간 엠마와 레옹의 떠남(6장)

어느 날 저녁, 교회의 만종 소리가 들렸다. 길게 이어지는 종소리가 엠마로 하여금 처녀 시절과 수녀원 기숙사에서의 날들을 회상하게 했다. 종교가 자신을 도와줄 수 있을 지도 모른다는 생각에 엠마는 신부를 찾아 교회로 향했다. 신부는 아이들을 위한 교리문답을 하려던 참이었다.

"몸은 편안하신가요?" 신부가 다시 물었다.
"안 좋아요. 몹시 괴롭습니다." 하고 엠마가 대답했다.
"하하 저랑 똑같군요!" 하고 신부는 말을 받았다. "요즘처럼 더위가 막 시작될 때면 노곤해지기 마련 아닙니까? 어쩔 수 없는 일이죠! 성 바오로께서 말씀하셨듯이, 인간은 고통 받기 위해 태어난 거니까요. 그런데 보바리 씨는 뭐라던가요?"
"그이야 뭐!" 하고 그녀는 경멸하는 태도로 말했다.
"저런!" 깜짝 놀라며 신부가 되물었다. "선생님이 처방을 안 해주시던가요?"

"아!" 엠마가 말했다. "제게 필요한 것은 속세의 약이 아니에요."

신부는 자꾸만 교회 쪽을 쳐다보았다. 거기서는 개구쟁이들이 모두 다 무릎을 꿇고 앉은 채로 서로 어깨를 밀치다가 마분지로 만든 수도승들처럼 쓰러지고 있었다.

"제가 알고 싶은 것은……." 하고 그녀가 말을 이었다. "두고 보자 이놈 리부데" 하고 신부가 성난 목소리로 고함을 질렀다. "이제 내가 가서 귀를 잡아 빼줄 테다. 이 몹쓸 놈!" 그러고는 엠마 쪽을 돌아보며 말했다. "저 녀석이 목수 부데의 아들이죠. 부모들이 제 멋대로니까 자식도 저 모양이죠. 하지만 꽤 영리한 녀석이라 마음만 먹으면 공부도 퍽 잘할 겁니다. 근본적으로 바보는 아니거든요. (중략) 그런데 참, 보바리 씨는 안녕하신가요?"

그녀는 못 들은 것 같았다. 신부는 말을 계속했다.

"여전히 몹시 바쁘시겠지요? 우리, 그분과 나는 이 교구에서 가장 할 일이 많은 사람 일겁니다. 물론 그 분은 육체의 의사이고……." 하고 그는 묘하게 웃으면서 덧붙였다. "나는 영혼의 의사지만 말입니다."

그녀는 애원하는 눈길로 신부를 바라보았다.

"그렇죠……." 하고 그녀가 말했다. "신부님은 모든 괴로움을 덜어주시죠."

"아니…… 말씀 마십시오, 보바리 부인! 오늘만 하더라도 암소 한 마리가 붓는 병에 걸렸다고 해서 바 디올빌까지 갔다 왔어요. 그 곳 사람들은 소가 무슨 저주를 받았다고 생각하고 있는 거예요. 글쎄, 무슨 영문인지는 모르지만 그 곳 암소들이 차례차례…… 잠깐 실례합니다! 롱그마르, 그리고 너 부데! 바보 같은 놈들! 그만두지 못해!"

절망한 채 집으로 돌아온 엠마는 칭얼대며 다가오는 딸아이를 떼다 밀었고, 아이는 넘어지면서 가구에 부딪쳐 피를 흘렸다. 잠이 든 아이 곁을 자책하며 지키던 엠마는 아이가 참 못 생겼다는 생각을 하게 된다.

한편 레옹은 다가갈 수 없는 사랑에 절망하고 보답 없는 사랑에 지쳐있었다. 그는 법률 공부를 마치기 위해 파리로 떠나기로 결심했다. 마치 세계일주 여행을 떠나는 듯 요란한 준비를 끝내고도 한 주일 또 한 주일 출발을 미루던 레옹이 결국 파리로 떠나는 날, 그는 엠마에게 작별 인사를 하러 갔다. 그저 의미 없는 말만을 주고받은 뒤 레옹은 의사의 집을 나왔을 뿐이었다.

여느 때와 다름없이 보바리 부부가 한참 저녁 식사를 하는 중에 찾아 온 오메는 파리에서 만끽할 수 있는 호사스러움과 쾌락 그리고 위험에 대해 장황한 연설을 했다. 약사는 이번 해

농사공진회가 용빌에서 개최될 것이라는 소식을 알려주었다.

로돌프 불랑제(7장)

레옹이 떠난 다음 날, 슬픔은 마치 버려진 고성에 겨울바람이 불어대듯이 부드럽게 으르렁거리면서 엠마의 영혼 속으로 밀어닥쳤다. 엠마는 레옹과의 추억이라는 꺼져가는 모닥불을 살리기 위해 불씨를 헤적여보았고 불기운을 돋을 수 있는 것을 절망적으로 찾았다. 그러나 땔감이 저절로 떨어진 것일까, 아니면 땔감을 너무 많이 쌓아올린 탓일까, 불길은 그만 사그라져 버렸다. 사랑은 연인의 부재로 인하여 조금씩 꺼져갔고 미련은 습관 속에서 질식해 버렸다.

토트에서와 같은 몹쓸 날들이 다시 시작되었다. 스스로 희생했다고 생각하는 엠마는 낭비로 보상받으려 들었다. 그녀는 이탈리아 말을 배우고 싶어 했고, 갖가지 사전과 문법책을 사들였고, 역사나 철학 등의 진지한 독서도 시도했다. 하지만 장롱 속에 처박아 둔 자수와 마찬가지로 엠마의 독서는 매번 시삭하나 말고 다른 책으로 옮겨가는 식이었다. 엠마의 신경질과 졸도와 각혈에 샤를르는 불안해졌고, 결국 모친에게 도움을 요청했다. 뾰족한 방법을 찾지 못하기로는 보바리 노부인도 마찬가지였다. 엠마가 소설을 읽지 못하도록 도서대여점 주인에게 구독 정지를 요청하기로 하는 정도가

고작이었다.

용빌의 장날, 최근에 라 위세트 근처에 있는 성관과 농장을 사들인 로돌프 블랑제가 한 농부를 데리고 보바리를 찾아왔다. 샤를르가 농부의 피를 뽑는 동안, 로돌프는 엠마를 관찰하고 그녀가 아주 예쁘다고 생각하게 되었다. 독신이며 여자관계가 많아서 그 방면에는 훤한 로돌프는 엠마의 욕구불만을 단숨에 짐작했다. "그놈은 아주 멍청한 것 같아. 그래서 여자는 아마 지겨워하고 있을 거야. 더러운 손톱에다 수염은 사흘 동안 못 깎은 꼴이거든. 그놈이 환자를 보러 터덜거리고 다니는 동안 마누라는 집에서 양말이나 꿰매고 있는 거야. 그래서 따분하겠지! 도회지에 살면서 매일 저녁마다 폴카를 추고 싶겠지! 가엾은 여자! 도마 위의 잉어가 물을 그리워하듯 조것은 사랑이 그리워 입을 딱딱 벌리는 거야. 서너 마디 달콤한 말만 걸어주면 틀림없이 홀딱 반할 걸! 고거 삼삼하겠는데! 매력적이야!... 그래, 그렇지만 나중에 어떻게 떼버리지?" 로돌프는 머지않아 열릴 농사 공진회에서 엠마를 유혹하리라 마음먹었다.

농사공진회 (8장)

문제의 농사공진회가 과연 열렸다! 마을은 아침부터 축제 분위기로 들썩였다. 사람들이 마을 양쪽 끝으로부터 큰길로

속속 도착했다. 여관 여주인을 상대로 농업과 과학에 대해 한 바탕 연설을 늘어놓던 오메가 팔짱을 끼고 걸어가고 있는 블랑제 씨와 보바리 부인에게 다가가는 뢰르를 보았다. 로돌프는 멀리서 그를 알아보고 발걸음을 빨리했다. 불청객 오메와 뢰르를 차례로 따돌린 두 사람은 가축 심사를 하는 목장 쪽을 한 바퀴 돌았다. 도청의 참사관이 도착했고 식이 시작되었다. 로돌프와 보바리 부인은 아무도 없는 면사무소 2층 회의실로 올라가 식을 구경했다. 참사관과 공진회 위원장님이 농업 진흥의 국가적 사명을 연설하는 동안 로돌프는 유혹자의 전형적인 대사로 엠마를 유혹하고 있었다.

그는 맞잡은 두 팔을 무릎 위에 올려놓고 그렇게 엠마를 향해 얼굴을 들고 그녀를 바싹 뚫어지게 쳐다보고 있었다. 엠마는 그의 눈 속의 까만 눈동자 주위를 가는 금선이 방사상으로 둘러싸고 있는 것을 알아볼 수 있었고 심지어 그의 머리칼에 윤이 나도록 바른 포마드 향내까지도 맡을 수 있었다. 그러자 온몸이 나른해지면서 보비에사브에서 왈스를 추었던 자각 생각이 났다. 그의 턱수염에서도 이 머리칼에서 나는 것과 같은 바닐라와 레몬 냄새가 풍겼었다. 그러자 기계적으로 그녀는 그 향기를 좀 더 잘 맡아보려고 눈을 살며시 감았다. 그런데 의자 위에서 몸을 뒤로 젖히면서 눈을 살며시 감는 순간 아득한 지평선 저쪽으로 낡은 합승마차 제비가 보였다. 마차는 긴 흙먼지 꼬리를 끌면서 천천히 뢰 언덕을 내려오고 있었다. 레옹은 그토록 자주 바로 저 황색 마차를 타고 그녀 곁으로 돌아오곤 했었다. 그리고 바로 저 길로 영원히 떠나버린 것이다! 바로 눈앞의 그의 창가에 레옹의 모습이 보이는 것만 같았다. 그러더니 모든 것이 뒤범벅이 되면서 구름 같은 것들이 지나갔다. 그녀는 아직도 샹들리에 등불 밑에서 자작의 팔에 안겨 왈츠를 추고 있는 것만 같고, 레옹은 멀지 않은 곳에 있어 금방이라도 달려올 것 같은데……. 그러면서도 그녀는 여전히 옆에 있는 로돌프의 머리카락 냄새를 맡고 있었다.

(중략)

로돌프는 보바리 부인에게 꿈이니, 예감이니, 동물 자기니 하는 이야기를 하고 있었다. 연단 위의 연사는 인간사회의 요람기로 거슬러 올라가, 인간이 숲속에서 도토리를 주워 먹고 살던 야만의 시대를 묘사하고 있었다. 그 뒤 인간은 짐승의 가죽을 버리고 천을 걸치게 되었으며 밭을 갈고 포도나무를 심었다. 그것이 과연 좋은 일이었을까? 이 발견에는 이 점보다 부정적인 점이 더 많지는 않았을까? 드로즈레 씨는 이런 문제를 제기하고 있었다. 동물 자기에 대해 이야기하던 로돌프가 조금씩 친화력 쪽으로 화제를 돌렸다. 공진회 위원장이 몸소 농사를 지은 귀족 신시나투스와 양배추를 심은 디오클레티아누스 황제와 씨뿌리기로 신년의식을 행한 중국 황제들을 열거하고 있는 동안, 젊은 사나이는 젊은 여자에게 그러한 저항할 수 없이 끌림은 전생의 인연에서 비롯된다고 설명했다.

"그러니까 우리의 경우도" 하고 그는 말했다. "어째서 이렇게 서로 알게 되었을까요? 어떤 우연으로 이렇게 되었을까요? 아마도, 멀리 떨어져 있던 두 개의 냇물이 하나로 합쳐지듯, 우리들 각자의 성향이 우리 두 사람을 서로 서로에게 끌리도록 한 것입니다."

이렇게 말하고 나서 그는 엠마의 손을 잡았다. 그녀는 손을 빼지 않았다.

〈전체 경작 우수상!〉 하고 위원장이 외쳤다.

"가령 제가 댁에 갔을 때……."

〈수상자 캥캉프와의 비제 씨.〉

"이렇게 같이 있게 될 줄 누가 알았겠습니까?"

〈상금 칠십 프랑!〉

"몇 번이나 저는 되돌아가려고 했는지 모릅니다. 그러나 당신의 뒤를 따라와서 여기에 있는 것입니다."

〈퇴비상〉

"그리고 이대로 오늘밤도, 내일도, 그리고 또 다른 날에도, 아니 한평생 여기에 있고 싶습니다!"

〈아르괴이유의 카롱 씨에게 금메달!〉

"그 어떤 사람과 함께 있었어도 이렇게 완전한 매혹을 느낀 적은 없었으니까요."

〈지브리 생 마르탱의 뱅 씨!〉

"전, 전 당신의 추억을 언제까지나 간직하겠습니다."

〈메리노 숫염소 상으로는……〉

"그러나 당신은 저를 잊어버리고 말겠지요. 당신에게 저 같은 것은 그림자 같은 존재일 테지요."

〈노트르 담의 블로 씨에게!〉

"아! 그럴 순 없어요. 제가 당신의 마음속에서, 당신의 삶 속에서 그 무언가가 될 수 있을까요?"

〈돼지 부문의 공동 수상. 르에리세 씨와 퀼랑부르 씨에게 육십 프랑!〉

로돌프는 그녀의 손을 꽉 움켜잡았다.

식이 끝나고 군중들은 흩어졌다. 로돌프는 보바리 부인을 집까지 바래다주었다. 그날 밤 불꽃놀이 때, 그들은 다시 만났다. 그러나 보바리 부인은 남편과 오메 부부와 같이 있었다. 이틀 후 루앙의 등불지(紙)에 농사 공진회에 대한 찬사일변도인 오메의 기사가 실렸다. 약제사는 이 지방 신문의 용빌 특파원이었던 것이다.

불륜의 시작(9장)

 여섯 주를 기다린 후 로돌프가 엠마를 방문했다. 그는 이루어질 수 없는 사랑에 절망한 듯, 주저하는 듯, 열띤 말로 낭만적 연인의 연기를 했다. 마치 한증막에서 몸이 풀려버린 사람처럼 그녀의 자존심은 열띤 말에 맥없이 늘어져버렸다. 이때 들어온 샤를르가 엠마의 건강을 걱정하자, 로돌프는 승마가 건강에 좋을 것이고 말이 필요하면 빌려주겠다고 나섰다. 어쩐지 이상하게 보일 것 같다며 거절하는 엠마를 설득시킨 샤를르는 블랑제 씨에게 편지를 보내 자기 아내는 언제나 좋으실 때로 준비가 되어 있으며 자기들은 그의 처분만 바랄 뿐이라고 전했다.

 다음날 두 필의 말을 끌고 온 로돌프와 함께 엠마는 숲으로 나갔다. 그들을 태운 말은 용빌을 벗어나 숲 속으로 들어갔고, 숲 속의 연못가에서 엠마는 로돌프에게 몸을 허락했다. 두 사람은 왔던 길을 되짚어 용빌로 돌아왔다. 그들은 진흙 위에 나란히 찍힌 그들의 말 발자욱, 그리고 아까 보았던 관목, 풀숲의 작은 조약돌들을 다시 보았다. 그들 주변에는 무엇 하나 달라진 것이 없었건만, 그녀에게는 산이 자리를 바꾼 것보다 더 엄청난 무슨 일인가가 갑자기 일어난 것이었다.

 [그날 밤 엠마는] 거울에 비친 자기 얼굴을 보고 깜짝 놀랐다. 그

녀의 눈이 이토록 크고 이토록 까맣고 이토록 깊었던 적은 일찍이 없었다. 미묘한 그 무엇이 전신에 퍼져서 그녀는 몰라보게 달라진 것이었다.

그녀는 혼잣말을 되풀이했다. '내게 애인이 생긴 거야! 애인이!' 이렇게 생각하자 그녀는 마치 또 한번의 사춘기가 불쑥 찾아온 것처럼 희열에 넘쳤다. 그러니까 마침내 저 사랑의 기쁨을, 이미 체념해 버렸던 저 열병과도 같은 행복을 느끼려 하고 있는 것이다. 그녀는 지금 신비하고 불가사의한 그 어떤 것 속으로 들어가려 하고 있었다. 거기에서는 모든 것이 정열이며, 도취며, 광란이리라. 푸르스름한 무한의 공간이 그녀를 둘러싸고, 감정의 산봉우리가 그녀의 상념 아래 빛나고 있었다. 평범한 일상은 오직 저 멀리, 저 아래 어둠 속, 그 높은 꼭대기들 사이의 틈바구니에 처박혀 있을 뿐이었다.

그때 옛날에 읽었던 책 속의 여주인공들이 생각났다. 이들 불륜의 사랑에 빠진 한 무리의 서정적인 여자들이 그녀의 기억 속에서 공감어린 목소리로 노래를 부르기 시작했다. 그 노래는 엠마를 황홀하게 했다. 그녀 자신이 이제 바로 이 환상 세계의 진정한 한 부분이 되었고, 예전에 자신이 그토록 선망했던 사랑에 빠진 여자의 전형이 자기 자신이라고 여기면서 엠마는 젊은 시절의 기나긴 꿈을 현실로 만들고 있었다. 그뿐 아니라 그녀는 복수의 쾌감도 느끼고 있었다. 그만하면 어지간히 고통 받지 않왔던가! 이제야 승리를 거둔 것이다. 오랫동안 억눌려 있던 사랑이 환희로 끓어올라 한 방울 남김없이 분출된 것이다. 그녀는 아무런 양심의 가책도 불안도 번민도 없이 이 사랑을 음미했다.

이후 엠마는 매일 숲에서 로돌프를 만났다. 어느 날 새벽, 샤를르의 부재를 틈타 엠마는 욕정에 숨이 가빠 애인의 성으로 달려갔다. 이후 기회 있을 때 마다 엠마는 아침 방문을 감행하고, 로돌프는 이 예고 없이 찾아오는 애인의 방문이 불편해졌다. 마침내 그는 심각한 표정으로 이렇게 자주 찾아오는 것은 신중하지 못하다, 그녀의 평판에 누가 될지도 모른다고 분명히 말했다.

엠마 감정의 전개(10장)

새벽에 로돌프의 성에서 돌아오던 엠마는 밀렵을 하던 비네를 만났고 당황한 나머지 그 자리에서 자신의 새벽 나들이를 적절하게 변명하지 못했다. 하루 종일 엠마는 온갖 거짓말을 궁리하느라 머리를 짰다. 그날 저녁 약사 집에서 엠마는 다시 비네를 만났지만 그는 별 내색을 하지 않았다. 이 일이 있은 후, 엠마와 로돌프는 새로운 밀회 장소를 모색하고, 그해 겨울 내내 그들은 엠마의 집 정원에서 만났다. 비가 오는 날이면 샤를르의 진찰실로 장소는 옮겨졌다.

엠마는 감상적이 되어갔다. 서로의 초상화를 주고받았으며, 머리카락을 한줌씩 잘라 교환하기도 했다. 지극히 부르주아적인 상식의 소유자 로돌프에게 엠마의 열광은 쓸데없는 것으로 생각되었고 그래서 경멸했지만, 그것이 자신을 향한 것이기 때문에 귀엽게 받아들였다. 사랑받고 있다는 확신을 갖게 되자 로돌프는 이 관계에 점점 무심해지고 냉담해졌다. 그러나 로돌프가 이 관계를 자기 좋은 대로 교묘하게 끌고 나갔기 때문에 겉으로 보기에는 매우 평온했다. 그리하여 반년이 지나 봄이 돌아왔을 때 두 사람은 서로에 대하여 조용히 가정적인 사랑의 불꽃을 지켜나가는 부부와 같이 느끼고 있었다.

로돌프에게 몸과 마음이 종속되어 있던 엠마는 어느 날 루오 영감이 보낸 순박하고 그래서 더욱 감동적인 편지를 받고 순진했던 어린 시절을 회상하게 되었다. 그 시절은 얼마나 행복했던가! 그녀는 처녀 시절, 결혼, 연애, 이렇게 차례로 모든 환경을 거치면서 갖가지 모험들에 그 순진함을 다 잃어버리고 말았던 것이다. 그녀는 회한에 휩싸였다. 이 회한은 엠마에게 모성애를 발동시켰고, 자기가 왜 그렇게까지 샤를르를 싫어하는 것일까, 그를 사랑하려고 애쓰는 편이 더 낫지 않을까 하고 자문해 보게 만들었다. 그러나 샤를르 쪽에서는 이처럼 되돌아오는 감정이 발붙일 이렇다 할 계기를 만들어주지 않았다. 그래서 그녀로서는 막연히 희생을 치를 의향만 가진 채 막상 무엇을 어떻게 해야 할지 알 수가 없어 망설이고만 있었다. 그때 마침 약제사가 그녀에게 기회를 제공했다.

안짱다리 수술(11장)

오메는 최근에 새로운 안짱다리 치료법을 추켜세운 기사를 읽은 적이 있었다. 그래서 본래부터 진보주의자였던 그는 용빌도 수준에 뒤떨어지지 않도록 굽은 다리 수술을 해보아야 한다는 생각을 품게 되었던 것이다. 그는 우선 엠마에게 이 애향적인 생각을 흘렸다. 결국 오메와 엠마의 부추김을 받아 샤를르는 금사자 여관의 마구간지기 이폴리트의 안짱다리를 수술하기로 결심했다. 샤를르가 첨족, 내반족, 외반족 따위에 대해 머리를 감싸고 공부하고 있을 때, 한편에서 오메 씨는 여관집 사환에게 수술을 받아보라고 열심히 부추겼다. 가엾은 이폴리트는 마침내 승낙하고 말았다. 수술은 성공한 것 같았다.

그날 저녁은 즐거웠다. 이야기도 많았고 부부가 같이 여러 가지 꿈에 잠겼다. 그들은 앞날의 행운과 살림살이를 좀 더 낫게 만드는 일에 대해서 이야기했다. 샤를르는 자기의 명성이 점점 널리 퍼지고 생활수준이 높아지고 아내가 변함없이 자기를 사랑해 주는 것을 머릿속에 그려 보았다. 엠마는 여태까지보다 더 건전하고 더 나은 새로운 감정을 맛보며 기분이 상쾌해졌다. 요컨대 자기를 아껴주는 이 불쌍한 사내에게 어떤 애정을 느끼게 된 것이 기뻤다. 문득 로돌프가 생각났다. 그러나 그녀의 눈길은 다시 샤를르에게 돌아갔다. 놀랍게도 샤를르의 이빨이 그렇게 보기 흉하지는 않다는 느낌마저 들었다. 부부가 잠자리에 들었을 때 하녀의 만류도 듣지 않고 침실로 들어 온 오메가 방금 쓴, 루앙의 등불에 보낼 기사를 읽어주었다. 작은 마을 용빌이 외과 의학적 실험의 무대가 되었음을 알리는 기사였다.

그런데 닷새 후 새파랗게 질린 여관집 안주인이 고함을 지르면서 뛰어들어 왔다. 이폴리트의 다리가 썩어 들어가기 시작했던 것이다. 샤를르는 속수무책이었다. 환자를 찾아와 애도의 말부터 시작한 부르니지엥 신부는 이것이 하느님의 뜻인 이상 오히려 기뻐할 것이며 신앙심을 찾는 기회로 삼아야 한다고 잘라 말했다. 여관집 여주인의 도움을 받은 신부의 열성이 성공을 거둔 것 같았다. 그런데 외과 수술과 마찬가지로 종교는 이폴리트를 구해주지 못했다. 그래서 마침내 뇌샤텔의 명의 카니베 의사에게 도움을 요청했다.

카니베 의사가 이폴리트의 허벅지 절단 수술을 하던 날, 마을의 고요를 찢으며 가로지르는 이폴리트의 비명 소리를 들으며 보바리 부부는 절망했다. 하지만 엠마는 남편의 굴욕을 함께하는 것이 아니라 그와는 다른 굴욕을 느끼고 있었다. 남편이 뭔가 할 수 있는 사람이라고 믿었던 것에, 이 한심한 남자를 위해 노력한 것에, 다른 남자에게 몸을 맡겼던 일을 울면서 뉘우친 것이 수치스러웠다. 애인의 추억이 어지러운 매혹과 함께 되살아났다. 정숙한 삶에 대한 엠마의 결심은 사라지고 그녀의 마음은 결정적으로 샤를르를 떠나게 되었다.

도주 계획(12장)

애인을 향한 엠마의 정열은 다시 타올랐다. 함께 도망치자는 제안을 하기도 했다. 애인을 위해 팔찌, 반지, 목걸이를 몸에 걸쳤고, 애인을 불편하게 할 정도로 선물 공세를 퍼붓고, 그 때문에 뢰르에게 진 빚을 갚기 위해 남편의 돈을 가로채기도 했다.

로돌프에게 엠마는 세상의 모든 정부들과 다를 바 없었다. 돈에 팔린 입술들이 그에게 이미 엠마와 똑같은 말들을 속삭였기 때문에 로돌프는 엠마의 진정성을 믿지 않았다. 그러나 그는 이 연애에서 아직도 다른 향락을 끌어낼 수 있다고 생각했다. 그는 그녀를 나긋나긋하고 부패한 물건으로 만들어 버렸다. 정사가 습관이 되자 보바리 부인의 태도는 달라졌다. 눈짓은 한층 더 대담해졌고 무슨 말이든 거침없이 내뱉게 되었다. 마치 세상을 얕잡아 본다는 듯이 궐련을 입에 문 채 로돌프 씨와 산책하는 지각없는 행동도 서슴지 않았다.

어느 날 로돌프는 엠마의 매력에 사로잡혀, 데리고 달아나 달라는 그녀의 요청을 얼떨결에 받아들였다. 로돌프와 만날 때마다 그녀의 화제는 머지않아 다가올 이 행복에 대한 것뿐이었다. 이 무렵만큼 보바리 부인이 아름다웠던 적은 없었다. 그 아름다움은 기질이 처지와 맞아 떨어진 조화 바로 그것이었다. 그녀의 목소리는 한층 더 나긋나긋한 억양을 띠었고 몸매도 그러했다. 그녀의 주름지는 옷자락이나 발을 굽히는 태도에서 마음을 파고드는 야릇한 그 무엇이 발산되고 있었다. 샤를르의 눈에는 그녀가 신혼 때와 마찬가지로 감미로워서 감당 못할 지경이었다.

한밤중에 집에 돌아왔을 때, 그는 감히 아내를 깨우지 못했다. 자기로 된 등잔불에서 나온 빛이 천장에 흔들리며 둥그렇게 반사되고 있었고, 조그만 아기 침대에 쳐진 커튼은 하얀 오두막처럼 침대 곁의 어둠 속에 부풀어 있었다. 샤를르는 물끄러미 그것을 바라보았다. 어린애의 색색거리는 숨소리가 들리는 것 같았다. 이제 어린아이가 커갈 것이다. 계절마다 부쩍부쩍 몰라보게 자랄 것이다. 이 아이가 소매 여기저기에 잉크를 묻힌 채, 책가방을 손에 들고 해질녘 방실방실 웃으면서 학교에서 돌아오는 모습이 벌써 눈에 선했다. 그 다음에는 아이를 기숙사에 넣어야지, 그러자면 적잖은 비용이 들 텐데 어떻게 하면 좋을까? 그는 곰곰이 생각했다. 가까이에 조그마한 농장을 빌려 매일 아침 왕진하러 가는 길에 들러서 손수 감독해야지 하고 생각했다. 농장에서 나오는 수입을 절약해서 저금하자. 그리고 어느 것이라도 좋으니 주식을 사야지. 그러노라면 환자도 늘겠지. 그는 베르트가 잘 자라리라, 재능도 많을 것이리라, 피아노도 가르치리라 생각했으므로, 그것을 믿었다. 열다섯 살 쯤 되면 정말 예쁠 거야. 엠마처럼 여름에 커다란 밀짚모자를 씌워야지. 엄마를 닮아서 무척 예쁠 거야! (중략)

엠마는 자고 있지 않았다. 다만 잠든 척하고 있었다. 그리고 샤를르가 옆에서 잠을 청하는 동안 그녀는 다른 꿈에 잠긴 채 깨어 있었다.

네 마리의 말이 달려가는 대로 그녀는 벌써 일주일째 어떤 새로운 고장을 향해 실려 가고 있었다. 두 사람은 이제 그 고장에서 결코 돌아오지 않을 것이다. 두 사람은 팔짱을 끼고 아무 말 없이 가고 또 가고 있었다. 이따금 산꼭대기에 이르면 갑자기 둥근 지붕이며, 다리며, 배와 함께 눈부시게 아름다운 어떤 도시가 눈앞에 나타나는 것이었다. 레몬나무 숲과 하얀 대리석 성당이 보이고, 뾰족한 종루에는 황새의 둥지도 있다. (중략) 그리하여 두 사람은 어느 날 저녁, 한 어촌 마을에 당도하는 것이었다. 그곳에는 절벽과 오두막집들을 따라 갈색의 그물이 널린 채 바람에 마르고 있었다. 그들이 정착하려고 발길을 멈출 곳은 바로 그 마을이었다. 그들은 해변의 만 저 안쪽, 한 그루 야자수 그늘에 있는 납작한 지붕의 낮은 집에 살 예정이었다. 그리고 곤돌라를 타고 이리저리 돌아다니고 때로는 그물침대에 누워 흔들리기도 하리라. 그들의 생활은 그들이 입은 비단 옷처럼 푸근하며 그들이 바라보는 정다운 밤처럼 따사롭고 별빛으로 가득 차 있으리라.

엠마는 뢰르를 통해 도주에 필요한 물건을 구입했다. 로돌프는 예상치 않은 일이 발생했다며 또 몸이 아프다며 계속 출발을 미루었다. 마침내 출발일이 정해졌다. 출발 이틀 전날 밤, 엠마와 로돌프는 정원에서 만났다. 후회한다면 떠나지 않을 수도 있다는 애인의 말에 엠마는 그와 함께라면 어떤 사막도 절벽도 바다도 헤쳐갈 수 있으리라고 단호히 대답했다. 자정, 엠마와 헤어져 돌아오는 로돌프는 자신이 떠나지 않으리라는 것을 잘 알고 있었다.

로돌프의 떠남과 엠마의 병(13장)

집으로 돌아 온 로돌프는 엠마에게 자신의 결정을 정당화하는 긴 편지를 썼다. 마지막으로 편지에다 눈물 대신 물방울을 떨어뜨리는 것도 잊지 않았다. 다음 날 오후 두 시경 잠이 깬 그는 살구 바구니에 편지를 담아 하인을 시켜 배달하게 했다.

편지의 겉봉을 뜯는 순간 엠마는 모든 것을 알아차렸다. 그녀는 하녀와 샤를르를 피해 정신없이 다락방으로 달아났다. 지붕에서 찌는 듯 더운 열기가 곧장 내려와 다락방은 숨이 막힐 듯 더웠다. 엠마는 다락방 창가에 몸을 기대고 분노의 냉소를 띠며 몇 번이고 편지를 되풀이 읽었다. 그녀는 땅이 무너져버렸으면 하는 심정으로 주위를 둘러보았다. 왜 끝장을 내지 못하는 건가? 대체 누가 말리기에? 그녀는 자유롭지 않은가? 엠마는 앞으로 몸을 내밀었다. 그때 자신을 부르는 샤를르의 목소리가 들렸고 저녁 식사를 알리기 위해 하녀가 다락방으로 올라왔다. 보바리 부부의 저녁 식사 시간, 갑자기 이륜마차가 한 대가 빠른 속도로 광장을 달려 지나갔다. 엠마는 외마디 소리를 지르며 마룻바닥에 쓰러졌다.

엠마는 한 달 이상 몸져누웠다. 샤를르는 환자들을 모두 내버려둔 채 지극정성으로 아내를 간호했으나, 그녀는 말도 하지 않고 말을 알아듣지도 못하고 심지어 고통을 느끼는 것 같지도 않아 보였다. 그는 절망적인 심정이었다. 시월 중순경 그녀는 조금씩 기운을 되찾는 것 같았고, 그래서 어느 날 그는 시험 삼아 아내를 부축하고 뜰을 산책해 보았다. 그러나 정원의 벤치를 보는 순간 엠마는 현기증을 느꼈고, 그날 밤부터 병이 재발했다. 그 진행은 전에 비하여 그리 급격하지는 않았지만 더 복잡한 증상을 보였다. 어떤 때는 심장에 통증을 느꼈고 다음에는 가슴, 머리, 팔다리가 쑤셨다. 갑작스럽게 구역질을 하기도 해서 샤를르는 암의 초기 증상이 아닌가 하는 생각까지 했다.

회복기(14장)

아내를 돌보느라 또 아내가 이전에 사들인 물건 값을 치르느라 샤를르는 돈 문제에 봉착했다. 청구서가 빗발치듯 날아들었다. 특히 뢰르가 의사를 괴롭혔다. 사실 이 장사꾼은 엠마의 병세가 심할 때 그 기회를 이용하여 계산을 불릴 심산이었다. 그는 협박을 하기도 하고 우는 소리를 내기도 하면서 소송도 불사하겠다며 지불을 재촉했다. 상황을 냉정하게 파악하기에는 아내의 건강에만 온통 신경이 뺏긴 샤를르는 뢰르에게 어음을 끊어주고 돈을 꾸었다. 그 많은 돈을 어떻게 갚을 지 이리저리 궁리하다가 결국 그는 그런 중요하지 않은 일에 마음이 팔려서 엠마를 까맣게 잊어버리곤 하는 자신을 꾸짖었다. 마치 그의 모든 생각은 이 여자의 것이니까 한 순간이라도 아내 생각에 몰두하지 않는 것은 그녀한테서 무언가를 훔치는 것이나 마찬가지라고 여기는 듯했다.

겨울 내내 계속된 회복기 동안 보바리 부인은 규칙적으로 신부의 방문을 받았다. 병이 극도로 악화된 어느 날 성체 배령을 받던 엠마는 종교적 환영이라 여겨지는 경험을 하게 되었다. 자존심에 상처를 받은 그녀의 영혼은 기독교적 겸허함 속에서 휴식을 찾았던 것이었다. 그리고 약자로서의 쾌감을 음미하면서 엠마는 자기의 내면에서 아집이 허물어져 가는 것을 바라보고 있었다. 땅 위의 모든 사랑을 뛰어 넘는 또 하나의 사랑이 있었던 것이다! 그녀는 성녀가 되고 싶었다. 종교 서적을 탐독했고, 극단적인 자선활동에 빠져 들었다. 그녀가 앓는 동안 유모집에 맡겼던 딸도 데려와 직접 보살폈다. 보바리 노부인도 더 이상 잔소리 할 것이 없었다. 구태여 찾는다면 제 집 행주 떨어진 것은 깁지 않고 고아들한테 줄 저고리만 뜨개질하고 있는 것 정도였으리라.

봄이 되면서 건강이 회복됨에 따라 엠마는 찾아오는 사람들을 차례차례 거절하는 한편 성당에도 전처럼 열심히 다니지 않게 되었다. 어느 날, 연극의 도덕적 유용성에 대해 신부와 토론을 벌인 끝에, 약제사가 샤를르에게 부인의 기분 전환을 위해 루앙의 극장에서 열리는 유명한 테너의 공연에 가보라고 권했다. 샤를르의 완강한 주장에 밀려, 다음날 엠마는 남편과 루앙으로 가기 위해 합승마차 제비에 올라탔다.

오페라 극장에서(15장)

보바리 부부는 극장에 일찍 도착했다. 우습게 보일까 봐 항구 쪽으로 산책한 후 입장한 엠마는 일등석 칸막이 좌석에 공작부인처럼 앉았다. 공연이 시작되었고, 등장하면서부터 관중들의 열광을 자아낸 테너 라가르디가 엠마를 완전히 사로잡았다. 오페라의 여주인공 뤼시와 자신의 운명을 동일시하며 엠마는 오페라에 빠져들었다. 엠마는 자신의 경험에 비추어, 예술이 과장하여 보여주는 정열들이 사실은 보잘 것 없는 것이라고 생각하려고 노력했고 경멸이 깃든 연민의 미소를 짓기도 했다. 하지만 테너의 배역이 지닌 매력에 휘말려 극을 깎아 내리려던 마음도 사라졌고, 실제로 유명한 연애 사건들의 주인공인 이 테너의 애인이 된 자신을 상상했다.

중간 휴식 시간, 휴게실에 마실 것을 구하러 갔던 샤를르가 레옹을 만났다. 엠마에게 인사하기 위해 서기가 좌석으로 왔다. 그는 신사가 다 된 듯 거침없이 손을 내밀었다. 그러자 보바리 부인도 강한 어떤 힘에 끌려 기계적으로 손을 내밀었다. 그녀는 푸른 잎새 위로 비가 내리던 그 봄날 저녁, 그들 두 사람이 창가에서 작별 인사를 한 이래 그토록 강한 끌림을 한 번도 느껴본 적이 없었다. 막간 이후 레옹은 보바리 부부의 복스에서 극을 관람했다. 엠마는 아무 것도 들을 수 없었고, 광란의 장면도 전혀 흥미롭지 못했다.

극이 끝나기도 전에 극장을 나온 세 사람은 선창가의 카페로 갔다. 레옹은 일을 제대로 배우기 위해서 이 년 정도 탄탄한 법률 사무소에서 근무할 작정으로 루앙에 왔다고 설명했다. 마지막 대목에서의 라가르디를 추켜세우는 레옹의 찬사에 덩달아 샤를르는 아내에게 하루 더 혼자 머물면서 마지막 장면을 보고 오라고 권했다.

제3부

다시 시작된 레옹과의 관계(1장)

3년 동안 레옹은 많이 변해 있었다. 여전히 조심성 많고 소심한 청년이었지만, 쾌활한 친구들과 만나다 보니 내성적인 기질도 많이 닳아 있었다. 그는 이번에야말로 엠마를 자기 것으로 만들어야겠다고 결심했다. 시골로 돌아온 그는 파리 대로를 에나멜 구두로 밟아보지 못한 자들을 모두 우습게 여기고 있었다. 훈장을 차고 마차를 타고 다니는 명사의 객실에서 레이스로 장식한 파리 여자 앞에 나섰더라면 아마도 이 보잘것없는 서기는 어린아이처럼 쩔쩔맸을 것이다. 그러나 루앙의 항구에서 미미한 의사 부인을 상대하고 있는 그로서는 미리부터 상대를 현혹시킬 자신이 있었으므로 마음이 편안했다.

다음 날, 레옹은 적십자 여관으로 엠마를 찾아 갔다. 그는 그녀를 향한 자신의 사랑을 고백한다. 두 사람은 자신들의 첫 만남을, 그 때의 꿈과 고통을 길게 이야기하면서 서로 도취되었다. 다시 사랑을 시작하자는 레옹의 제안에 엠마는 막연한 두려움에 사로잡혔다. 레옹의 소극적인 태도가 엠마에게는 왠지 모르게 로돌프의 저돌적인 대담성 보다 더 위험하게 느껴졌기 때문이다. 레옹은 다음날 성당에서 만날 것을 약속받고 나서 돌아갔다. 그날 밤 엠마는 약속을 취소하는 편지를 쓰지만 레옹의 주소를 모르는 까닭에 내일 직접 주기로 한다.

엠마를 기다리며 성당을 둘러보고 있는 레옹에게 인생이 이처럼 흐뭇하게 느껴진 때는 한 번도 없었다. 이제 잠시 후면 그녀가 온다. 참한 모습으로 가슴을 두근거리며, 혹시나 쳐다보는 눈이 없는지 살피면서 …… 비단 옷이 스치는 소리와 함께 그녀가 나타났다. 그녀는 그에게 편지를 주고는 급히 성모를 모신 예배당으로 들어가 무릎을 꿇고 기도를 올리기 시작했다. 그녀의 기도는 좀처럼 끝날 것 같지 않았다. 마침내 두 사람이 성당을 떠나려는 순간, 성당지기가 다가와 성당 방문을 권했다. 초조해하는 레옹을 아랑곳하지 않고 엠마가 이를 받아들였다. 그녀는 흔들리는 정조를 지키기 위해서라면 성모든 조각이든 무덤이든 가능하다면 무엇에든 매달려 보고 싶은 심정이었다. 끝날 것 같지 않은 성당지기의 설명에 레옹은 지루하고 초조할 뿐이었다. 결국 성당지기를 따돌린 그가 마차를 불렀다.

"나리, 어디로 모실깝쇼?" 마부가 물었다.
"아무 데라도 좋아!" 레옹은 엠마를 마차 안에 밀어 넣으며 대답했다.
이윽고 무거운 마차가 움직이기 시작했다.
마차는 그랑 퐁 거리를 내려가 아르 광장과 나폴레옹 강둑, 뇌프 다리를 통과해 피에르 코르네이유 동상 앞에서 멈추어 섰다.
"계속 가요!" 하는 소리가 마차 안에서 들려왔다.
마차는 다시 달리기 시작했다. 라파이에트 네거리를 지나서부터는 비탈길을 달려 내려간 다음 전속력을 내며 기차역 안으로 쑥 들어갔다.
"아니, 곧장 가요!" 같은 목소리가 소리쳤다.
방책 밖으로 나와서 산책로에 다다른 마차는 키 큰 느릅나무 사이를 천천히 달렸다. 마부는 이마에 흐르는 땀을 닦고, 가죽 모자를 무릎 사이에 끼고는, 마차를 인도 밖 물가 잔디밭 쪽으로 몰아갔다.
마차는 강가 마른 자갈이 깔린 예선도를 따라 섬 저쪽 오와셀 쪽으로 한참 동안 달렸다.
그러다가 마차는 갑자기 한달음에 카트르마르, 소트빌, 그랑드

쇼세, 엘뵈프 가(街)를 가로 질러 식물원 앞에 세 번째로 멈추어 섰다.

"그냥 가라니까!" 아까보다 더 거친 목소리가 성난 듯이 소리쳤다.

(중략)

마차는 다시 길을 되짚어 왔다. 그리고 그 때부터는 목적도 방향도 없이 되는 대로 달렸다. 그 마차는 생 폴, 레스퀴르, 가르강 산, 루즈 마르, 가이야르브 광장에도 나타났고, 말라드르리 거리, 디낭드리 거리, 생 로멩, 생 비비엥, 생 마클루, 생니케즈 성당 앞—세관 앞—바스 비에이유 투르, 트롸 피프, 기념 묘지에도 나타났다. 마부석에 앉은 마부는 이따금 거리의 술집 쪽으로 절망적인 시선을 던지곤 했다. 그는 도대체 이 손님들이 어떤 미치광이 같은 격정에 사로잡혀 마차를 멈출 생각을 하지 않는지 이해할 수 없었다. 몇 번 멈추어보려고도 했지만 즉각 어서 가라고 외치는 성난 고함소리가 등 뒤에서 들려왔다. 그래서 그는 땀에 흠뻑 젖은 두 마리의 늙은 말을 한층 거칠게 채찍질하면서 마차가 흔들리든 말든 여기저기 무엇에 걸리든 말든 상관하지 않은 채 될 대로 되라는 심정으로, 목은 마르고, 배는 고프고, 겁은 나고 하여 거의 울상이 되어 마차를 몰았다.

선창가의 짐수레와 나무통 사이에서, 대로의 한 모퉁이에서, 사람들은 시골에서는 좀처럼 볼 수 없는 이 괴물, 커튼을 내리고 무덤보다도 더 문을 꼭꼭 닫은 채 배처럼 마구 흔들리면서 나타났다간 사라지고 또 다시 나타나는 마차에 얼이 빠져 눈을 멍하니 크게 뜨고 바라보고 있었다.

단 한번, 한낮 무렵, 들판 한가운데에서 마차의 낡은 은빛 램프에 햇살이 세차게 비칠 때 마차의 조그만 노란 커튼 아래로 장갑을 끼지 않은 손이 나오더니 조각조각 찢은 종잇조각들을 내던졌다. 종잇조각들은 바람에 날려 저기 빨간 꽃이 지천으로 피어 있는 클로버 들판 위에 마치 하얀 나비 떼처럼 흩어져 떨어졌. 이윽고 여섯 시경, 마차가 보브와진느 가(街)의 어떤 골목길에 멈추어 섰고, 한 여자가 내리더니 베일을 뒤집어 쓴 채 뒤도 돌아보지 않고 걸어가는 것이었다.

보바리 영감의 죽음과 위임장(2장)

용빌로 돌아온 엠마는 오메의 집으로 우선 가보라는 하녀의 말을 듣고 약제사의 집으로 갔다. 약국은 어수선하고 오메가 조수 쥐스탱에게 고함을 질러대고 있었다. 잼을 끓일 냄비를 찾아오라고 했더니 쥐스탱이 갖가지 극약을 넣고 잠가둔 창고에 있던 냄비를 가져오는 실수를 했기 때문이었다. 꾸중을 듣던 쥐스탱의 주머니에서 떨어진 책이 오메를 대경질색하게 만들고, 갑작스런 분노 때문에 오메는 샤를르의 부탁도 잊어버리고 삭막하게 엠마에게 시아버지의 죽음을 알렸.

다음날, 보바리 노부인이 도착했고, 보바리 부부는 장례식을 준비했다. 바로 그 때 포목상 뢰르가 보바리가 서명한 어음을 갱신하기 위해 왔다. 그는 엠마에게 남편이 아내에게 부부의 재산 관리를 위임할 수 있다는 사실을 암시한다. 여러 구실로 보바리 집을 찾아온 뢰르는 항상 위임에 대한 충고의 말을 흘려놓고 갔다. 시어머니가 머무르는 동안 일체 금전 문제를 꺼내지 않던 엠마가 시어머니가 돌아가자 착실한 실무 센스를 발휘했다. 유산 상속의 성가신 절차를 끊임없이 과장해서 말하더니, 어느 날 총괄적 위임장을 남편 앞에 내 보였다. 이 모든 문제를 상담할 믿을 만한 사람은 레옹밖에 없었다! 엠마는 다음 날 당장 루앙으로 갔다. 그리고 그녀는 거기서 사흘을 묵었다.

사흘간의 밀월(3장)

보바리 부인과 레옹은 부둣가의 불로뉴 호텔에 묵었다. 덧문도 내리고 마룻바닥에는 꽃을 뿌리고 아침부터 아이스 시럽만 마시며 지냈다. 저녁이 되면 작은 배를 타고 섬으로 저녁 식사를 하러 갔다. 그것은 충만하고 멋들어진 사흘간의 진정한 밀월이었다. 그렇지만 결국 헤어져야 했다! 이별은 슬펐다. 앞으로 편지를 보낼 때는 롤레 아줌마네 집으로 이중으로 봉해서 보내라면서 엠마가 어찌나 자세하게 지시해 주는지 레옹은 그녀의 사랑의 기교에 많이 놀랐다.

레옹의 용빌 방문과 엠마의 피아노 레슨(4장)

정부를 보고 싶어 초조해진 레옹이 용빌로 왔다. 금사자 여관에서 저녁식사를 하고 의사의 집으로 찾아가 문을 두드렸다. 샤를르가 그날도 그 다음 날도 종일 집을 지키고 있을 터라, 엠마는 그날 저녁 늦게서야 레옹을 뜰 뒤쪽 오솔길에서 만났다. 다른 남자와 만나던 그 오솔길에서! 헤어질 때 그녀는 무슨 수를 써서라도 일주일에 한번은 자유롭게 만날 수 있는 기회를 만들겠다고 약속했다.

엠마는 하루에도 몇 번씩 뢰르를 집으로 불러들였고, 새로운 물건을 구입했다. 이제 그녀는 그의 도움 없이는 아무것도 할 수 없었다. 엠마가 갑자기 피아노 연습에 열을 올리는 것처럼 보인 것은 그 무렵이었다. 샤를르 옆에서 같은 곡을 반복해서 치면서 그때마다 안 된다고 투덜대곤 하다가, 다시는 피아노를 열지 않았다. 그리고는 손님이 찾아오기만 하면 음악을 집어치웠다는 것, 다시 시작하려 해도 부득이한 사정 때문에 그럴 수 없다는 것을 어김없이 말했다. 모두들 안타까워했다. 그렇게 훌륭한 재능이 있는데! 마침내 엠마는 일주일에 한번 씩 애인을 만나러 루앙에 가는 허락을 남편에게서 받아냈다. 한 달이 지나자 심지어 사람들은 그녀의 피아노 실력이 놀랍게 발전했다고까지 말했다.

목요일의 만남(5장)

매주 목요일 새벽 엠마는 샤를르를 깨우지 않기 위해 조용히 옷을 갈아입고, 제비를 타고 새벽같이 용빌을 떠났다. 도시가 잠에서 깰 무렵 마차가 루앙에 도착하고 마차에서 내린 엠마는 밀회가 약속된 호텔방으로 들어갔다. 은근한 분위기의 양탄자와 화려한 장식 그리고 조용히 비쳐드는 광선이 조화된 그 방은 그야말로 열정적인 사랑의 밀회에 더없이 적당한 곳이었다. 두 연인은 서로에게 완전히 매료되었다. 엠마는 레옹의 마음속에 무수한 욕망들을 자극하며 갖가지 본능과 추억을 되살려 놓는 것이었다. 그녀는 모든 소설에 등장하는 사랑에 빠진 여자, 모든 연극의 여주인공, 모든 시집(詩集)의 막연한 그녀였다. 레옹은 그녀의 어깨에서 목욕하는 터기 궁녀의 호박색 빛을 보았다. 긴 코르사쥬을 입은 그녀는 봉건 성주의 마나님 같았고, 바르셀로나의 창백한 여인을 닮은 것 같기도 했다. 그러나 그녀는 무엇보다도 '천사'였다!

헤어지는 시간은 견디기 힘들었고, 작별 인사를 수없이 되풀이 했다. 용빌로 돌아오는 길은 쓸쓸하고 서글펐다. 마차는 자주 보기 흉한 거지를 만났고 그때마다 거지는 엠마의 마음을 불편하게 했다. 이렇게 매주 목요일 엠마는 쾌락을 찾아 루앙으로 갔다. 루앙행의 진짜 목적을 숨기기 위해 엠마는 거짓말을 하기 시작했고, 결국 거짓말이 습관이 되어 버렸다.

어느 날 뢰르가 레옹의 팔짱을 끼고 호텔에서 나오는 엠마를 보았다. 뢰르는 이 기회를 이용해, 엠마가 이제까지 진 빚을 갚을 것을 요구하고, 샤를르가 유산으로 받은 시골집을 처분하게 했다. 밀회 생각 밖에 없는 엠마는 계산하지도 않고 뢰르의 중계를 받아들였다. 뢰르가 엠마에게 새로운 어음들에 서명하게 하고 도움을 요청한 샤를르에게도 또 다른 어음을 발행하게 했다. 보바리 부부의 경제 상태는 점점 나빠졌다. 도움을 요청받은 보바리 노부인이 달려왔고 엠마에게 주었던 위임장을 무효로 하겠다는 샤를르의 약속을 받아내었다. 이 사건이 엠마의 신경발작을 불러일으켰고, 샤를르가 난생 처음으로 어머니에게 반항하며 아내의 편을 들었으므로 노부인은 다음 날로 떠나버렸다. 샤를르가 몇 번이나 빌고 애원한 끝에 겨우 엠마는 위임장을 다시 받아두는데 동의했다.

엠마는 레옹과의 만남에 더욱 대담해졌다. 어느 날 그녀는 용빌로 돌아오지 않았다. 걱정으로 견딜 수 없어진 샤를르가 아내를 찾아 한밤중에 루앙으로 갔고 새벽녘 골목길에서 아내를 마주쳤다. 아내는 남편의 지나친 걱정을 비난했다. 그 이후 엠마는 레옹을 만나고 싶은 욕정이 일어나면 어느 때고 루앙으로 갔고, 불시에 법률 사무소로 레옹을 찾아가곤 했다. 처음 한 동안 그것은 레옹에게 엄청난 행복이었지만, 시간이 지나면서 부담스러워졌다. 하지만 레옹은 엠마의 마음에 들기 위해 최선을 다했다. 그녀가 그의 정부라기보다는 그가 그녀의 정부가 되었던 것이다.

실망과 파산의 시작(6장)

어느 목요일, 엠마와 함께 오메가 루앙행 마차를 탔다. 언제 한번 루앙에 오시라는 레옹의 초대를 받아들였던 것이다. 레옹은 오메에게 붙들려 그의 수다를 들어야만 했고, 결국 그를 따돌리지 못했다. 레옹이 호텔로 돌아갔을 때, 엠마는 이미 없었다.

> 화가 잔뜩 난 엠마가 막 호텔을 떠났다. 이제 그녀는 레옹을 미워하고 있었다. 밀회 약속을 어긴 것은 그녀를 모욕하는 것 같았다. 엠마는 그와 헤어질 이유를 이것저것 찾아보았다. 그는 소심한데다 약하고, 평범하고 여자보다도 소극적이고, 게다가 인색하고 비겁했다.
>
> 잠시 후 마음이 가라앉자 엠마는 자기가 그를 지나치게 비방했다는 것을 깨닫게 되었다. 그러나 사랑하는 사람을 일단 비방하고 나면 우리는 그에게서 어느 정도 멀어지게 마련이다. 우상에는 손을 대는 것이 아니다. 칠해 놓은 금박이 손에 묻어나기 때문이다.

이윽고 두 사람은 자기들의 사랑과는 관계없는 일들을 더 자주 화제로 삼게 되었다. 엠마가 그에게 보내는 편지는 꽃이니 시니 달이니 별이니 하는 것에 대한 것이었다. 그것은 어떻게라도 외부의 도움을 받아서 엷어진 정열을 되살리려 동원하는 소박한 수단들이었다. 그녀는 매번 다음 번에는 깊은 쾌감을 느끼리라 다짐했지만, 결국은 특별한 그 어떤 것도 느끼지 못했다는 것을 인정하지 않을 수 없었다. 이런 실망은 곧 새로운 희망으로 바뀌었고, 이리하여 엠마는 전보다 더 강한 정념에 불타고, 전보다 더 레옹을 탐하면서 그를 찾아가는 것이었다. 그녀는 옷을 거칠게 벗었고 가느다란 코르셋 끈을 확 잡아 당겼다. 그러면 코르셋은 허리에서 뱀처럼 쉭 하는 소리를 내며 미끄러져 떨어졌다. 맨발의 엠마는 발가락 끝으로 걸어가서 문이 잘 잠겨 있는지 확인하고는, 나머지 옷을 몽땅 한꺼번에 벗어 던졌다. 그리고 창백해진 그녀는 아무 말 없이 심각한 표정으로 그의 가슴을 파고들어가 오랫동안 몸을 떨었다.

그러나 식은땀에 젖은 그 이마에는, 뭔가를 중얼거리는 그 입술에는, 방황하는 듯한 그 눈동자에는, 그 두 팔의 포옹 속에는 미끄러지듯 스며 들어와 두 사람 사이를 벌려놓는 듯한 그 무엇이, 극단적이고 막연하고 불길한 그 무엇이 있었다.

어느 날, 한 남자가 엠마가 서명한 칠백 프랑 어음을 들고 찾아왔다. 엠마와 한 약속을 어기고 뢰르가 어음을 돌렸던 것이다. 이어 집달리의 가압류 서류가 날라 왔고, 겁에 질린 엠마가 포목상의 집으로 달려갔다. '마음씨 착한 뢰르 씨'는 그녀에게 각각 한 달 간격으로 된 이백오십 프랑짜리 어음 넉 장에 서명하게 했다. 돈을 만들기 위해 엠마는 남편 몰래 환자들 집으로 청구서를 보냈고 오래된 물건을 팔기 시작했다. 또 되 팔 목적으로 중국 도자기나 낡은 궤짝 따위를 사들였고, 아무한테서나 돈을 꾸었다. 이렇게 어음을 갚으면서 엠마는 또 빚을 지는 식으로 계속해나갔다. 가끔 빚이 얼마나 되는지 계산을 해보기도 했지만 엠마는 엄청난 빚의 액수를 믿을 수 없었고 또 계산이 혼란스러워 곧 팽개치고 말았다. 보바리 집안은 파산을 예고하는 듯 했고, 집안 살림은 되는대로 내버려 둔 채였다.

한편 레옹은 장래를 위해 엠마와 손을 끊으라는 상사의 충고를 듣게 되고, 엠마로부터 점점 멀어졌다. 레옹이 엠마에게 싫증이 난 만큼이나 그녀 역시 상대에게 물려버렸다. 엠마는 간통 속에서 결혼 생활의 진부함을 그대로 발견하고 있었다. 하지만 습관 때문에 혹은 타락했기 때문에 엠마는 그를 떠날 용기가 없었다. 사순절의 가장 무도회에서 밤을 세우고 용빌로 돌아온 엠마에게 이십 사 시간 내에 총 팔천 프랑을 지불하지 않으면 가구 차압이 강제 집행될 것이라는 서류가 기다리고 있었다. 엠마는 눈물로 포목상의 도움을 요청하나 그는 요지부동으로 그녀를 빈정거리기까지 했다.

압류(7장)

집달리가 차압조서를 작성하기 위해 나타났을 때 엠마는 의연했다. 이튿날 일요일 엠마는 이름을 알고 있는 금융업자들을 찾아 루앙에 갔다. 하지만 하나같이 시골에 가 있거나 여행 중이었다. 만날 수 있는 사람에게 돈을 요구했으나 모두 거절당했다. 레옹에게 부탁하지만 그 역시 돈을 구하지 못하기는 마찬가지였다. 레옹의 막연한 약속만을 받아들고 엠마는 용빌로 돌아왔다.

다음 날 광장에는 보바리 집안의 동산 전부가 경매에 붙여졌다는 벽보가 나붙었다. 하녀의 충고에 따라 엠마는 공증인 기요멩에게 도움을 요청하러 갔다. 포목상 뢰르와 은밀히 내통하고 있었던 공증인은 엠마에게 수작을 걸었다. 격분해 집으로 돌아 온 엠마는 한 순간 남편에게 모든 것을 털어 놓을까 생각하지만 남편의 용서가 너무도 굴욕적으로 생각되었다. 조금 전에 찾아갔던 남자에게 몸을 맡기지 않은 것이 후회스럽다는 느낌마저 들었다. 남편이 울타리 문을 열고 들어올 때 엠마는 층계를 뛰어 내려가 광장으로 도망쳤다. 세무관리를 찾아간 엠마가 이번에는 자기 쪽에서 수작을 걸지만 거절당했다. 공포에 휩싸여 집에 머무를 수 없었던 엠마는 롤레 유모의 집으로 찾아가 레옹의 소식을 기다리지만 그는 결코 나타나지 않았다. 갑자기 로돌프가 머릿속에 떠올랐고 엠마는 위세트로 떠났다.

마지막 시도와 자살(8장)

옛 애인의 저택에 가까이 갈수록 짓눌렸던 엠마의 마음은 한껏 부풀어 올랐다. 옛사랑을 환기시키며 사랑을 애원하는 옛 애인의 눈물을 본 로돌프가 자신이 좋아하는 사람은 오직 그녀뿐이라고 말한 순간, 엠마는 자신의 파산 소식을 알리고 돈을 꿔 달라고 했다. 로돌프의 얼굴은 점점 심각한 표정으로 바뀌었다. 그는 삼천 프랑을 가지고 있지 않다는 것이었다. 화가 난 엠마는 그의 화려한 집안 장식과 생활방식을 들추며 자기를 도와주지 않는 로돌프를 비난했다. 밖으로 나온 그녀는 가로수 늘어진 긴 오솔길을 되짚어 나왔다.

> 그녀는 얼이 빠진 채 멍청하게 서 있었다. 의식이 깨어 있다는 것을 알려주는 것은 맥박 뛰는 소리뿐이었다. 몸을 빠져나간 그 소리는 귀청을 찢는 음악이 되어 벌판을 가득 채우며 울리는 듯했다. 발밑의 땅은 물결보다 더 물렁거렸고 밭고랑은 밀려와 부서지는 다갈색의 거대한 파도처럼 보였다. 머릿속에 있는 기억

이나 생각들이 마치 무수한 불꽃처럼 모두 한꺼번에 뿜어져 나왔다. 아버지가, 뢰르의 가게가, 먼 곳에 있는 그들의 방이, 그리고 또 다른 풍경이 눈에 보였다. 광기가 그녀를 사로잡았다. 그녀는 무서워서 간신히 정신을 차리기는 했지만, 아직도 몽롱한 상태였다. 그녀는 자기를 이토록 끔찍한 상태에 몰아넣은 원인이 무엇이었는지를, 그게 돈 문제였음을 까마득히 잊고 있었던 것이다. 그녀가 괴로운 것은 오로지 사랑 때문이었다. 그리고 마치 다 죽어가는 부상자가 피가 흐르는 상처를 통해 자기 생명이 꺼져가는 것을 느끼듯이 그녀는 그 사랑의 기억들을 통해 자신의 몸에서 영혼이 빠져나가는 것을 느꼈다.

밤이 내리고 있었고 까마귀 떼가 날았다.

(중략)

그 때, 그녀가 놓여진 상황이 어두운 심연의 모습으로 나타났다. 그녀는 가슴이 터질 듯 숨을 헐떡였다. 마침내 일종의 영웅심과도 같은 흥분을 느끼며 거의 즐거워하는 기분으로 그녀는 언덕을 달려 내려가서 소들이 건너는 판자다리와 오솔길과 가로수 길과 시장을 지나 약제사의 가게 앞에 이르렀다.

엠마는 반강제로 쥐스텡에게서 창고 열쇠를 받아내 비소를 삼켰다. 그녀는 어떤 의무를 다한 듯 거의 평온한 마음이 되어 집으로 돌아갔다. 사정을 묻는 샤를르에게 엠마는 편지를 한 장 써서 주며 내일까지 열어 보지 말라는 부탁을 했다. 독약의 효과는 금방 나타났다. 완전히 정신이 나간 샤를르는 도대체 어찌된 영문인지 몰랐고, 무엇을 해야 할지 몰랐다. 오메의 편지를 받고 카니베 의사와 명의 라리비에르 박사가 도착했지만 이미 엠마는 손을 쓸 수 없는 상태에 있었다.

유명인이 나타나면 천성적으로 꼭 옆에 있어야 하는 오메가 두 의사를 식사에 초대했다. 그토록 유명한 사람들을 자기 집으로 모신다는 것이 자랑스러워 오메는 얼굴에 웃음이 가득했다.

종부성사를 위해 신부가 의사 집으로 왔을 때, 오메도 이른바 자신의 사명 앞에서 결코 물러서서는 안 되는 것이기에 보바리 집으로 갔다. 샤를르의 숨죽인 흐느낌 소리가 환자의 헐떡이는 숨소리와 조종처럼 울리는 라틴어 기도문 외는 소리에 섞여들었다. 그 때 갑자기 보도 위에서 무거운 나막신 소리가 지팡이를 끄는 소리와 함께 들려왔다. 그리고 장님 거지의 목 쉰 노래 소리가 들렸다. 이 소리에 엠마는 감전된 시체처럼 벌떡 일어나 절망적으로 웃기 시작했다. 거지의 추악한 얼굴이 무시무시한 괴물처럼 영원한 암흑 속에서 솟아오르는 것을 보기라도 한 듯, 잔인하게 미친 듯이 절망적으로 웃었다. 한바탕의 경련과 함께 그녀는 침대 위에 쓰러졌다. 그녀는 이미 이 세상 사람이 아니었다.

장례 전날(9장)

샤를르는 완전히 넋이 나가 버렸다. 장례 절차를 겨우 지시할 정도의 정신밖에 없었다. 게다가 그는 엠마에게 결혼식 때 입었던 옷을 입히고 흰 구두를 신기고 머리에 꽃으로 만든 관을 씌워 묻어 주기를 바랐고, 또 엠마를 커다란 녹색 비로드 천으로 덮어주기를 바랐다. 이 로마네스크한 발상을 신부와 약제사는 도저히 이해할 수 없었지만, 그에 대해 한 마디라도 할라치면 샤를르가 너무도 화를 내었기 때문에 아무 말도 할 수 없었다.

약제사와 신부가 엠마의 시신 옆에서 밤을 세웠다. 이 두 적수는 신학적 문제들에 대해 신랄하게 토론했다. 두 사람은 흥분해서 얼굴이 빨개져 있었다. 그들은 상대방 말을 듣지 않고 동시에 떠들어댔다. 부르니지엥이 감히 어떻게 그런 터무니없는 말을 하느냐고 펄쩍 뛰면 오메는 그런 바보 같은 소리를 하다니 기가 막힌다고 했다. 이리하여 두 사람이 금방이라도 서로 욕설이라도 퍼부을 것 같은 상황이 되었을 때 갑자기 샤를르가 그 모습을 나타냈다. 불가항력의 힘에 이끌린 듯 그는 끊임없이 층계를 올라오곤 했다. 날이 샐 무렵 보바리 노부인이 도착하고 저녁에는 사람들이 문상을 왔다.

둘째 날 밤샘을 하면서 약제사와 신부는 다시 토론을 하고, 옥신각신한 끝에 결국은 인간적인 약점에서 일치를 보자

서로 마주 앉아 울기 시작했다. 엠마에게 마지막 작별을 고하러 온 샤를르는 시체 옆에서 그녀의 목소리와 몸짓과 태도를, 지나가버린 그 모든 행복을 떠올리며 절망했다. 다음날 엠마의 입관이 진행되었다. 루오 노인이 도착했다. 광장에서 검은 천을 알아 본 그는 그 자리에서 기절해 버렸다.

장례식(10장)

종교적 절차를 따른 장례식이 거행되었다. 성당에서의 추모가 끝나자 장례 행렬은 마을 중심부를 떠나 전형적인 봄날의 전원을 지나 묘지에 도착했다. 매장이 거행되었다. 북받쳐 오르는 슬픔을 가누지 못하는 루오 노인은 딸이 죽은 집에서 잠이 올 것 같지 않다며 즉시 베르토로 돌아갔다. 그날 밤 샤를르가 아내를 생각하며 비통에 빠져 잠 못 이루는 시각, 로돌프와 레옹은 편안히 잠을 자고 있었다.

샤를르의 죽음(11장)

이내 돈 문제가 다시 시작되었다. 한 번도 받지 않은 엠마의 피아노 레슨비를 요구하는 청구서가 날아들었다. 하녀는 엠마의 옷가지를 훔쳐 도망가 버렸다. 저마다 등쳐먹자고 샤를르에게 덤벼들었다. 레옹의 모친이 샤를르에게 레옹의 결혼 소식을 알린 것은 그 무렵이었다. 어느 날, 샤를르는 다락방에서 로돌프가 엠마에게 보낸 마지막 결별 편지를 발견했다. 편지의 정중한 어투로 두 사람이 플라토닉한 사랑을 했을 거라고, 모든 남자들이 그녀를 우러러 보지 않을 수 없었을 거라고 생각하면서, 증거를 보고도 그는 뒷걸음쳤다.

엠마는 무덤 저쪽에서 샤를르를 타락시키고 있었다. 그는 마치 그녀가 살아 있기라도 한 것처럼 그녀의 마음에 들도록 그녀의 온갖 취미나 생각들에 맞추어 나갔다. 에나멜 장화를 샀고 언제나 흰 넥타이를 매고 다녔다. 콧수염에 포마드를 발랐고 그녀처럼 약속어음에 서명했다. 보바리는 묵은 빚을 청산할 수 없었다. 그래서 어머니에게 도움을 청했다. 그런데 베르트 문제 때문에 자기 어머니와도 결정적으로 틀어졌다. 이제 그에게 남은 것은 딸 밖에 없었다. 하지만 아이는 건강해 보이지 않아 그의 걱정만 늘었다.

한편 오메는 세상에서 가장 행복한 아버지였고 가장 운이 좋은 사람이었다. 아이들이 너무도 잘 자라고 있었을 뿐 아니라, 약제사는 루앙의 등불지 특파원으로 승승장구하고 있었다. 하지만 남모를 야심 하나가 끈질기게 그를 괴롭히고 있었다. 오메는 훈장이 꼭 갖고 싶었다. 명목이 부족한 것은 아니었다. 그래서 그는 권력 쪽으로 접근하기 시작했다. 그는 선거 때 도지사 각하를 돕는데 크게 한몫 거들었다. 그는 마침내 몸을 팔고 지조를 버렸다.

어느 날 샤를르는 레옹이 엠마에게 보냈던 편지들을 모두 발견했다. 더 이상 의심의 여지가 없었다! 그는 마지막 한 통까지 정신없이 읽었고, 흐느껴 울며 고함지르며 집안 구석구석을 뒤졌다. 상자 하나에서 로돌프의 초상화와 연애편지들이 쏟아져 나와 그의 면전으로 달려들었다. 사람들은 샤를르가 넋이 빠진 것을 보고 놀랐다. 이제는 외출도 하지 않고, 찾아오는 사람도 만나지 않고, 환자들을 왕진하는 것까지 거절했다. 그래서 사람들은 그가 방구석에 처박혀 술을 마신다고 수군거렸다. 때때로 호기심 많은 사람이 뜰의 울타리 너머로 발돋움하여 들여다보면 샤를르가 긴 수염을 기른 채 때에 찌든 옷을 입고 험상궂은 얼굴로 마당을 거닐면서 소리 내어 울고 있는 것이 보여서 깜짝 놀라곤 했다.

> 어느 날 샤를르는 아르괴이유 시장에 말을—그것이 그의 마지막 재산이었다—팔러 갔다가 로돌프와 마주쳤다.
>
> 서로를 알아본 두 사람은 파랗게 질렸다. 로돌프는 장례식에 명함만 보내 인사했던 지라 처음에는 무엇이라 변명 비슷한 말을 중얼거렸지만 그러는 동안 대담해져 뻔뻔스럽게 맥주나 한 잔 하자면서 (팔월의 아주 더운 날이었다) 샤를르를 주점으로 데리고 갔다.
>
> 팔꿈치를 괴고 샤를르 앞에 마주앉은 로돌프는 입담배를 씹어

대며 이야기를 늘어 놓았다. 샤를르는 아내가 사랑했던 사나이를 앞에 놓고 넋을 잃은 채 몽상에 잠겼다. 아내의 것이었던 그 무엇을 다시 보는 것 같았다. 그것은 경이의 느낌이었다. 그는 이 사나이가 되고 싶었다.

상대방은 경작이니 가축이니 비료니 하는 이야기를 계속 지껄이면서 어떤 암시가 끼어들 수 있는 틈을 의미 없는 말들로 틀어막고 있었다. 샤를르는 듣고 있지 않았다. 로돌프도 그것을 눈치 채고, 온갖 추억들이 스쳐지나가면서 점점 변하는 샤를르의 표정을 살피고 있었다. 샤를르의 얼굴은 점점 붉어졌고 콧구멍이 벌름거렸고 입술이 떨렸다. 심지어 어느 한순간 어두운 분노에 사로잡힌 표정으로 샤를르가 로돌프를 노려보았기에 로돌프는 일종의 공포심을 느끼며 입을 다물기까지 했다. 그러나 곧 샤를르는 음울하고 무기력한 표정으로 다시 돌아갔다.

"난 당신을 원망하지 않소" 하고 샤를르가 말했다.

로돌프는 아무 말도 하지 않았다. 그러자 샤를르는 두 손으로 머리를 감싸 쥐고 꺼져 들어가는 목소리로, 무한한 고통을 체념하고 감수하는 어조로 다시 한 번 말했다

"그렇소, 이젠 더 이상 당신을 원망하지 않소!"

심지어 그는 태어나서 한 번도 입에 담아본 적이 없는, 단 한마디 엄청난 말을 덧붙이기까지 했다.

"이게 다 운명 탓이지요!"

그 운명을 이끌었던 당사자인 로돌프에게는 이 말이 그 같은 처지에 놓인 사내가 하는 말 치고는 어지간히도 사람 좋은 말로 들렸을 뿐 아니라 우스꽝스럽기조차 했고 약간 비굴하게도 느껴졌다.

다음날, 샤를르는 덩굴시렁 밑의 벤치에 가 앉았다. 얽힌 덩굴 사이로 햇빛이 흘러들어 왔다. 포도 잎사귀들이 모래 위에 그림자를 그리고, 재스민 꽃이 향기를 뿜고 있었다. 하늘은 푸르고, 만발한 백합꽃 주위로 땅가뢰 떼가 윙윙대며 날고 있었다. 샤를르는 몽롱한 사랑의 충동에 사로잡혀 가슴이 슬프게 부풀어 오른 사춘기 소년마냥 숨이 막혔다.

일곱 시, 그날 오후 내내 아빠를 보지 못한 어린 베르트가 저녁 식사 때가 되었다며 아빠를 부르러 왔다.

샤를르는 머리를 뒤로 젖히고 벽에 기댄 채 눈을 감고 입을 벌리고 있었다. 길고 검은 머리카락 한줌이 그의 양손에 쥐여 있었다.

"아빠, 어서 와!" 하고 베르트는 말했다.

그리고 아빠가 장난을 치고 있는 줄 알고 그를 가만히 밀었다. 그는 땅바닥에 쓰러졌다. 그는 죽어 있었다.

서른여섯 시간 뒤에 약제사의 요청으로 카니베 씨가 달려왔다. 샤를르를 해부했으나 아무것도 발견하지 못했다.

모든 것을 다 팔고 나니까 십 이 프랑 칠십 오 상팀이 남았고, 어린 보바리 양이 할머니한테 가는 여비로 쓰였다. 노부인도 그해에 죽었다. 루오 노인이 중풍에 걸려 있었기 때문에 한 친척 아주머니가 어린 보바리 양을 맡았다. 가난한 그 친척은 생활비를 벌도록 베르트를 방직공장에 보내고 있다.

보바리가 죽은 뒤 세 사람의 의사가 차례로 용빌에 와서 개업했으나, 개업하는 족족 오메 씨가 가만 내버려두지 않았기 때문에 아무도 성공하지 못했다. 오메는 엄청나게 많은 단골을 만들었다. 당국은 그를 배려하고 있고 여론은 그를 옹호하고 있다.

그는 이제 막 레지옹 도뇌르 훈장을 받았다.

3 관련서 및 연보

미완의 『부바르와 페퀴셰』를 비롯해

플로베르의 소설이 모두 번역되어 있다.

『살람보』와 『성 앙투완의 유혹』은 오래전에 번역된 관계로

독자들이 쉽게 구하기 힘들어 아쉽다.

책 제목 밑의 숫자는 제작 연도이고

괄호 속의 내용은 한국어판 번역본에 대한 정보이다.

『마담 보바리』 관련서

『살람보』 (양원달 옮김, 을유문화사, 세계문학전집 15권, 1960)

1857~1862: 소설의 배경은 기원전 3세기 제1차 포에니 전쟁 당시의 카르타고. 카르타고의 용병 반란을 배경으로 리비아인 용병 대장 마토와 카르타고의 장군 하밀카르의 딸 살람보의 사랑 이야기가 펼쳐진다. 한니발의 아버지인 하밀카르는 실존 인물이지만 그 외의 인물은 모두 허구이다.

19세기 유럽 역사와는 무관한 고대 도시국가를 재구성하기 위해 플로베르는 카르타고를 여행하고 방대한 양의 역사책과 전문서적을 읽으면서 일종의 '고대 백과사전'을 만들었다. 그러나 고고학적 치밀함은 소설의 목적이 아니다. 오히려 의미 없는 소재를 취하면서 플로베르는 소설을 언어의 화려한 시험장으로 만들었다. 생트 뵈브를 비롯한 비평가들은 동시대와 아무런 관련이 없는 문명 속에서 소재를 구한 작가를 비판했다. 하지만 바로 동시대와 전적으로 다른 풍경과 문명이 불러일으키는 이국 취향에 당시의 독자들은 매료되었다. 플로베르가 원했듯이 독자들은 '역사적 마리화나'에 흠뻑 취했다.

『감정교육』(송면 옮김, 을유문화사, 세계문학전집 28권, 1982)

1864~1869: 작가 노트를 보면 『감정교육』에 대한 애초의 계획은 개인적인 사랑 이야기를 다루는 심리소설에 머물러 있었다. 그러던 것이 1864년부터 심리에서 역사로, 개인에 따라 다양한 내면의 진실에서 모든 사람에 의해 살아진 역사 쪽으로 무게중심이 옮겨가면서 결국 평형을 이루게 된다. 소설은 사랑과 정치라는 두 축을 중심으로 플로베르 세대, 1848세대의 정신의 역사를 그린다.

대학 입학시험에 합격한 주인공 프레데릭 모로는 사랑과 명성을 꿈꾸며 법학공부를 하기 위해 파리로 올라온다. 파리로 올라오는 배 위에서 섬광처럼 그를 사로잡은 아르누 부인을 열렬히 사모하나 그는 무기력하게 대처할 뿐이다. 이루어질 수 없는 사랑에 지치고 낙담해 사교계 여인, 귀족 부인, 순진한 소녀와 연애를 시도하나 모두 불발로 그친다. 정치적 동요로 들썩거리는 파리에서 많은 사건들을 목격하고 수많은 모임에 참석하여 수많은 의견과 연설을 듣지만 그는 이 모두에 방관자로 머물러 있다. 사랑에 있어서 만큼이나 정치에 있어서 프레데릭은 어떠한 행동도 어떠한 선택도 하지 않는다. 그리고 세월이 흘러 소설의 마지막, 그와 그의 친구들이 원했던 공화국의 꿈은 이미 무참히 짓밟혀 있는 상태이고 프레데릭은 "정욕의 불도 꺼지고, 관능의 꽃마저 시들어버리고, 지적인 야심도 엷어"진 채 "재산의 3분의 2를 탕진한 후 소부르주아로 살고" 있다.

『마담 보바리』와 마찬가지로 『감정교육』은 낭만주의에 대한 플로베르식 결산이다. 그는 이 소설에서 동시대의 질병, 낭만적 세계 인식으로부터 초래된 질병, 감상주의를 개인의 차원에서뿐만 아니라 정치의 차원에서 진단하고 있다. 소설에서 개인과 집단의 운명은 조응하는데, 그 이유는 인물의 삶이 역사적 사건과 온몸으로 만났기 때문이 아니라(반대로 프레데릭은 외부 사건에 항상 구경꾼으로 남아 있다), 두 운명이 실패에 귀착하게 되는 원인과 구조가 동일하기 때문이다. 아르누 부인을 향한 프레데릭의 사랑이 그 절대적 성격으로 일종의 천상의 사랑을 대변하는 것과 마찬가지로 순수한 혁명가 뒤싸르디에게 공화국은 절대적인 행복과 해방을 의미했다. 그런데 두 사람은 마치 현실이 심정의 절대적인 요구에 저절로 답하기라도 할 듯, 이상을 실현시키기 위해 행동의 세계에 뛰어들기보다는 열정이라는 힘만으로 가능성의 공간을 채운다.

이처럼 소설에서 순수한 사랑과 정치를 대변하는 두 인물은 모두 이상에 대해 동일한 태도를 보인다. 그들은 이상에 저항하는 현실의 힘을 고려하지 않고, 한 여인에 대한 예외적인 사랑과 인류에 대한 사랑의 감정이 기적을 이루리라고 생각했다. 바로 이 감정지상주의에, 그 결과 행동의 세계에 무지했던 1848세대의 실패가 놓여 있다. 플로베르는 『감정교육』이 '우리 세대의 정신의 역사'인 동시에 '감정의 역사'인, 사랑과 정열에 관한 책이 될 것이라고 했다. 그러나 그 정열은 '지금 존재하는 그대로의 정열, 말하자면 무기력한 정열'이라고 덧붙였다. 모순형의 '무기력한 정열'은 바로 감상주의의 본질이다. 『감정교육』은 '실패의 시(詩)'이기도 하다. 소설의 마지막, 주인공을 비롯한 등장인물들은 모두 아무 일도 없었다는 듯이 일상의 규칙을 받아들이며 평범하고 보잘것없이 살아가고 있다. 그러나 이 소설이 실패의 시인 것은 인물들의 성공하지 못한 삶 때문이 아니다. 예를 들어 발자크의 『고리오 영감』의 고리오 영감이나 라스티냐의 경우, 그들이 파산했다고 해서 그들의 삶이 무화되는 것은 아니다. 오히려 사건 속에 모든 힘과 정열을 쏟아 부으며 뛰어들었기 때문에 그들의 실패는 영웅의 무게감마저 느끼게 만든다. 그들에겐 실패조차도 하나의 커다란 사건인 셈이다. 그러나 『감정교육』에서 인물들의 실패는 큰 위기 때문이 아니라, 하찮은 사건들과 시간이 가져온 '나이 먹었다.'는 사실 이외에 그들이 삶에서 아무것도 이루지 못했다는 사실에 있다.

이들에게 역사란 무엇일까? 그것은 가장 뛰어난 자에게든 가장 하찮은 자에게든 그들의 에너지를 동원시키는 짧고 잔인한 위기가 아니라, 지속이다. 그것은 살아남은 자들의 비영웅적인 안전성, 마치 아무 일도 일어나지 않은 것처럼 역사의 흐름을 따라 다시 되풀이되는 께느른한 안정성이다. "생은 계속된다." 이것이 바로 역사의 진부하고도 무시무시한 교훈이다. 거대한 사회적 정치적 변동, 환멸로 끝난 이상, 고통스러운 욕망을 겪은 후 인물들이 내리는 결론은 세상은 계속되고 살아남으리라는 것, 어리석음과 마찬가지로 삶은 끝이 없을 것이라는 점이다.

많은 사건이 일어났음에도 불구하고 이렇다할 이유 없는 권태와 무력함에 빠져 그 곁을 스쳐가며 보내버린 프레데릭의 삶에는 진정 어떤 일도 일어나지 않았다. 아무것도 실현되지 않은, 놓쳐버린 삶에 대한 소설인 『감정교육』을 통해 플로베르는 1848세대의 실패한 삶과 실패한 역사를 보여주고 있다. 동시에 이 소설은 특별히 극적인 사건이 있어서가 아니라 아무 일도 일어나지 않았기 때문에 더욱 비극적인 삶, 절망적인 실패와 함께 끝나는 것이 아니라 그저 흐지부지 소모해버린 시간 끝에 온 노쇠로 끝나기에 더욱 초라한, '현대적' 삶의 감각을 최초로 형상화하고 있다.

『성 앙투완의 유혹』(오현우 · 홍승오 옮김, 정음사, 세계문학전집 9권, 1965)

1869~1874: 젊은 시절 플로베르는 제노바에서 브뤼겔의 그림 「성 앙투완의 유혹」을 보고 깊은 충격과 감명을 받았다. 그 영감으로부터 소설이 구상되었다. 플로베르는 『성 앙투완의 유혹』을 세 번이나(1849, 1856, 1874) 고쳐 썼다. 25년 동안 매달렸던, 그의 말대로 '필생의 작품'인 셈이다. 지문과 대사로 된 희곡의 형태를 띠고 있으나, 무대 상연의 가능성이 거의 없을 뿐만 아니라 대사로 보이는 부분이 연극대사라기보다 소설적 서술 텍스트에 가까운 점 등을 고려할 때, 연극 형식을 모방한 소설이라고 할 수 있다.

소설은 4세기 경 이집트의 테베 사막에 은둔하여 고행을 하던 수도승 성 앙투완에게 하룻밤에 일어난 이야기이다. 사실 그에게 실제로 일어난 일은 아무것도 없다. 수많은 환각들이 그의 눈앞에 펼쳐졌다 사라질 뿐이다. 철저한 고행에도 불구하고 황혼 무렵 성 앙투완은 환영의 소용돌이에 휩싸이게 된다. 역사적 인물, 고대 신화 속의 신들과 신앙들, 기기묘묘하고 괴기스런 모습을 한 동물과 괴물들이 옆을 지나가거나 그에게 말을 걸어온다. 이 환영들은 그가 애써 외면해 왔던 은밀한 욕망들에 대해 말해 주면서, 그를 회의하게 만들고 유혹한다. 이렇게 하룻밤이 지나가고 새벽이 다가올 때 그는 다시 전날처럼 기도로 돌아간다.

성 앙투완에게서 플로베르를 연상하는 것은 어렵지 않다. 앙투완을 유혹한 환영들은 바로 앙투완의 욕망이자 플로베르의 욕망이었다. 육체의 욕망, 지식의 욕망 …… 뿐만 아니라 '절대'를 향한 추구라는 점에서 두 인물은 넓은 의미의 '보바리즘'의 전형들이다. 그를 위해 앙투완은 테베의 사막에서 스스로를 채찍질하며 고행했고, 플로베르는 크루아세에서 글쓰기와 함께 고행했다. 플로베르가 고백하지 않았던가. "난 배에 상처를 입히는 거친 속옷을 사랑하는 고행자처럼 열광적이고 변태적인 애정으로 내 일을 사랑합니다."

『세 개의 짧은 이야기』 (김연권 옮김, 문학과지성사, 1997)

1875~1877: 플로베르가 발표한 유일한 단편집. 「순박한 마음」 「성 쥘리앙의 전설」 「헤로디아」로 구성된 작품집은 플로베르가 일생 동안 보여준 변화무쌍한 글쓰기의 사이클을 한 곳에 압축시켜 놓은 듯한 느낌을 준다. 우선 각 작품은 19세기, 중세, 고대를 시대배경으로 하고 있다. 서술기법에 있어서도 평생을 하녀로 산 여인의 이야기인 「순박한 마음」은 사실주의 경향의 전형적인 단편소설을 연상시킨다면, 루앙 대성당의 스테

인드글라스에 새겨진 그림에서 영감을 받은 「성 쥘리앙의 전설」은 성자 쥘리앙의 잔인하면서도 신비하고 환상적인 삶을 표현해내었다. 또 세례 요한의 참수라는 신약성경의 일화를 소재로 한 「헤로디아」는 소설이라기보다는 고전극 이론을 충실하게 따르고 있는 듯한 느낌을 준다. 출판 당시 플로베르 작품으로는 드물게 비평가와 일반 대중 모두로부터 호평을 받았다.

「부바르와 페퀴셰」 (진인혜 옮김, 책세상, 1995)

1872~1875, 1875~1880: 『부바르와 페퀴셰』의 줄거리는 간단하다. 필경사(筆耕師)인 부바르와 페퀴셰라는 두 인물이 우연히 만나 호감을 느끼고 최상의 조화를 이룬 후, 마침 상속받은 유산으로 시골에 이주하여 자신들이 꿈꾸던 삶인 학문연구에 몰두하다가 결국은 모두 실패하고 처음의 직업인 필경으로 돌아온다는 이야기이다. 10장으로 이루어진 소설의 9장은 모두 그들이 연구하다 그만둔 원예, 농학, 수목재배, 식품가공, 화학, 해부학, 생리학, 의학, 천문학, 지질학, 고고학, 역사, 문학, 미학, 정치, 연애, 체조, 최면술, 신비술, 철학, 종교, 교육에 바쳐진다.

각 분야에서 두 인물이 끊임없이 상반된 학설들과 마주치고 있어 소설은 서로 모순 되는 이론들이 뒤섞여 제각각 따로 놀면서, 결국 어떤 항목도 믿을 수 없는 이상한 '백과사전'을 닮아 있다. 두 주인공의 일련의 연구는, 인간의 지식 또는 과학 이론과 현실 사이에는 결코 해결할 수 없는 모순이 존재하며, 어떠한 과학이론도 절대적인 것이 될 수 없다는 사실을 깨닫게 되는 과정이다. 이 책은 오메 식의 과학주의에 대한 비판으로 읽힐 수 있다.

플로베르는 다음과 같이 이 소설을 평했다. "여자들은 거의 등장하지 않습니다. 사랑도 나오지 않고요. (중략) 일반 독자들은 별로 이해하지 못하리라고 생각합니다. 남작 부인이 자작과 결혼하는 게 아닌가를 알기 위하여 이 작품을 읽는 사람들은 실망하게 되겠지요. 그러나 나는 예술을 이해할 수 있는 몇몇 세련된 사람들을 위하여 작품을 쓰는 것입니다." 『부바르와 페퀴셰』는 분명 플로베르의 작품 중에서 가장 '소설답지 않은 소설'이고, 평범한 독자를 가장 실망시키는 작품이다. 플로베르는 10장의 마지막 부분을 완성하지 못하고 죽음을 맞이했다. 미완으로 남은 부분은 그가 남긴 서류와 원고에 의해 보완되어 1881년 단행본으로 출간되었다.

『통상관념사전』 (진인혜 옮김, 책세상, 2003)

정확한 집필 시기는 알 수 없으나 플로베르는 이미 1850년부터 『통상관념사전』을 구상하고 있었다. 그리고 1879년에 이르러서는 『부바르와 페퀴셰』의 제2권에 자리 잡게 할 생각이었다.

즉 1부 소설 속에서 드러난 통상관념들이 2부의 사전에서 공개적으로 다시 나타나게 하려고 했던 듯하다. 『통상관념사전』은 통념에 대한 설명이 아니라 통념의 예들을 수집한 것이다. 플로베르의 전 작품에 나왔던 주제들이 제시되기 때문에 문맥을 잘 모르는 독자는 어리둥절할 수 있으나, 다행히 번역본에 상세한 설명이 있어, 때로는 쓰디쓴 미소를 지으며 또 때로는 박장대소를 하며 독서의 즐거움을 느낄 수 있을 것이다.

『플로베르』 (허버트 로트먼, 진인혜 옮김, 책세상, 1997)

플로베르의 전기. 플로베르의 사랑, 우정, 작품이 형성되는 과정, 집필과정 중의 고뇌를 그의 서한집을 바탕으로 충실하게 고증해냄으로써, 흔히 대작가라는 신화에 가려진 인간 플로베르를 접하게 하는 책이다.

『플로베르』 (방미경 엮음, 문학과 지성사, 1996)

플로베르 문학을 전체적으로 파악하는 데 도움이 될 수 있는 논문, 내담, 기사를 모아 놓았다. 사르트르, 푸코, 블랑쇼 등 각 필자의 독특한 플로베르 읽기를 접할 수 있다.

구스타브 플로베르 연보

1821년

12월 12일 아버지 아쉴 클레오파스 플로베르와 어머니 카롤린 플뢰리오 사이에서 출생.

1824년

여동생 카롤린 출생.

1831년

루앙의 왕립 중·고등학교, 콜레주 루아얄에 입학하다.

1834년

콜레주 루아얄에 다니는 동안 학교 신문 「예술과 진보」를 편찬하다. 주로 연극계 소식을 싣다.

1836년

투르빌 해수욕장에서 쉴레젱제르 부인을 만나다. 낭만주의의 영향이 농후한 작품들을 쓰다.

1837년

루앙의 문예지 『르 콜리브리 *Le Colibri*』에 단편 「독서광 *Bibliomanie*」 「박물학강의 *Une leçon d'histoire naturelle*」를 게재하다. 「지옥의 꿈 *Rêve d'Enfer*」 「열정과 도덕 *Passion et Vertu*」을 쓰다.

1838년

자전적인 이야기인 「고뇌 *Agonies*」와 『어느 광인의 회상 *Mémoires d'un fou*』을 쓰다.

1839년

『스마르 *Smarh*』를 쓰다. 연말에는 콜레주 루아얄에서 쫓겨나 혼자서 대학입학 자격시험을 준비한다.

1840년

8월 대학입학 자격고사에 합격하고 피레네 산맥과 코르시카를 여행한다.

1841년

파리대학 법학부에 등록.

1842년

흥미와 열성을 갖지 못한 채 파리에서 법학을 공부하며, 프라디에 가족, 쉴레젱제르 가족과 친분을 맺으며 지내다. 『11월』 탈고하다.

1843년

막심 뒤 캉 만남. 8월 2학년 진급시험에 실패. 『감정교육』(제1고) 쓰기 시작하다.

1844년

1월 형 아쉴과 함께 도빌에서 돌아오는 길에 퐁 레베크 거리에서 신경성 발작을 일으키다. 학업을 중단하고 크루아세에서 본격적인 창작활동을 시작한다.

1845년

『감정교육』(제1고) 완성. 이 작품은 플로베르가 죽은 지 30년이 지나서 발표된다. 여동생 카롤린 결혼.

1846년

1월 부친의 죽음. 2월 질녀 데지레 카롤린 출생. 3월 여동생 카롤린 산욕열로 죽다. 7월 알프레드 르 푸아트벵이 루이즈 드 모파상과 결혼하다. 같은 달 프라디에 아틀리에에서 루이즈 콜레를 만나고 그녀와의 관계가 시작되다.

1847년

막심 뒤 캉과 브르타뉴와 노르망디 지방을 도보로 여행.

1848년

2월 부이예와 혁명의 현장을 목격하기 위해 파리에 가다. 3월 루이즈 콜레에게 결별의 편지를 보내다. 4월 알프레드 르 푸아트뱅 죽다. 5월 『성 앙투완의 유혹』(제1고) 집필 시작하다.

1849년

『성 앙투완의 유혹』(제1고) 완성하고 뒤 캉과 부이예로부터 혹평을 받다. 11월 뒤 캉과 동방여행길에 오르다. 마르세유, 알렉산드리아, 카이로, 나일강 여행.

1850년

테베, 홍해, 베이루트, 다마스커스, 예루살렘, 콘스탄티노플, 아테네 여행.

1851년

펠로폰네소스 반도, 이탈리아 여행. 7월 크루아세로 돌아오다. 루이즈 콜레와의 관계가 다시 시작되다. 9월 19일 『마담 보바리』에 착수하다. 12월 나폴레옹 쿠데타를 목격하다.

1853년

3개월마다 파리와 망트에서 루이즈 콜레를 만나다.

1854년

10일 루이즈 콜레와 완전히 결별하다.

1856년

4월 30일 『마담 보바리』 탈고하다. 10월 1일부터 몇 군데 삭제된 채 뒤 캉이 편집장인 『르뷔 드 파리 Revue de Paris』에 연재되다. 『성 앙투완의 유혹』(제2고)을 집필하고, 12월 고티에가

편집장으로 있는 『라르티스트 *L'Artiste*』에 부분적으로 발표하다.

1857년

1월 29일 공공의 도덕과 종교를 해쳤다는 이유로 『마담 보바리』의 작가와 『르뷔 드 파리』가 기소되다. 2월 7일 무죄판결을 받다. 4월 『마담 보바리』 출판되고, 큰 성공을 거두다. 9월 1일 『살람보』 집필 시작.

1858년

파리에서 생트 뵈브, 고티에, 르낭, 보들레르, 페도, 공쿠르 형제 등과 친분을 나누다. 4월 『살람보』를 위해 카르타고를 여행하다.

1859년

플로베르를 모델로 한 루이즈 콜레의 소설 『그 *Lui*』가 출판되다.

1862년

4월 『살람보』를 탈고하고 11월 24일 출판하다. 루이 부이예, 도스무아 공작과 함께 희곡 『마음의 성 *Le Château des coeurs*』을 쓰기 시작하다.

1863년

조르주 상드와 서신 교환 시작. 마틸드 공작부인의 살롱을 드나들고, 레스토랑 마니에서 열리는 저녁 모임에 참가하다. 여기서 투르게네프를 만난다. 『마음의 성』 탈고.

1864년

질녀 카롤린 결혼. 9월 1일 『감정교육』을 쓰기 시작하다.

1866년

8월 15일 레지옹 도뇌르 수훈자로 선정되다. 조르주 상드가 크루아세를 방문하다.

1867년

조카사위를 돕기 위해 빚을 지고 농장을 팔아야 하는 처지에 놓인다. 쉴레젱제르 부인과 재회함.

1869년

『감정교육』 출판하나 대중과 언론으로부터 혹평을 받는다. 7월 18일 루이 부이예의 죽음. 『성 앙투완의 유혹』을 개작하기 시작하다.

1870년

6월 20일 쥘 드 공쿠르의 죽음. 건강이 악화되고 보불전쟁이 발발하는 등 여러 가지로 어려웠던 한 해. 11월 프러시아 군이 크루아세를 점령. 12월 『성 앙투완의 유혹』 원고를 땅 속에 묻고 루앙으로 피난 간다.

1871년

1월 휴전. 3월 뒤마 피스와 함께 마틸드 공작부인을 만나러 브뤼셀에 가다. 5월 모리스 쉴레젱제르의 사망 소식 듣다. 11월 엘리자 쉴레젱제르가 크루아세를 방문하다.

1872년

4월 모친의 죽음. 9월 『부바르와 페퀴셰』의 준비작업에 본격적으로 착수하다.

1873년

『보바리 부인』에 부록으로 검사의 논고, 변호인의 구두 변론, 판결문을 첨가하여 출간하다. 11월 희곡 『후보자 Le Candidat』 완성.

1874년

모파상과 교류 시작. 『후보자』를 무대에 상연했으나 대실패로 끝남. 『성 앙투완의 유혹』 출판하다. 『부바르와 페퀴셰』의 집필에 착수함.

1875년

조카딸 카롤린의 파산을 막기 위해, 도빌 농장을 팔다. 9월 「성 쥘리앙의 전설」을 쓰기 시작하다. 건강이 급속히 악화됨.

1876년

2월 「성 쥘리앙의 전설」을 탈고하고 「순박한 마음」을 쓰기 시작하다. 3월 루이즈 콜레 죽다. 6월 조르주 상드 죽다. 8월 「순박한 마음」을 끝내다. 11월 「헤로디아」를 쓰기 시작하다.

1877년

4월 세 이야기를 묶어 『세 개의 짧은 이야기』라는 단편집으로 출간. 6월 1875년 이후로 중단했던 『부바르와 페퀴셰』를 다시 쓰기 시작하다.

1878년

1월~5월 파리에 체류하며 『부바르와 페퀴셰』를 위한 자료를 수집하다.

1880년

부활절, 크루아세에서 졸라 · 공쿠르 · 도데 · 모파상과 함께 모임을 갖다. 5월 8일 파리 여행을 준비하던 중 뇌출혈로 쓰러지다. 11월 루앙 기념묘지에 안장되다. 10장까지 쓴 미완의 『부바르와 페퀴셰』가 『신평론』에 부분적으로 게재됨.

1881년

3월 『부바르와 페퀴셰』 출판.

마담 보바리 읽·기·의·즐·거·움
현대 문학의 전범

초판 인쇄 | 2005년 6월 20일
초판 발행 | 2005년 6월 30일

지은이 | 오영주
펴낸이 | 심만수
펴낸곳 | (주)살림출판사
출판등록 | 1989년 11월 1일 제9-210호

주소 | 110-847 서울시 종로구 평창동 358-1
전화 | 02)379-4925~6
팩스 | 02)379-4724
e-mail | salleem@chollian.net
홈페이지 | http://www.sallimbooks.com

ⓒ (주)살림출판사, 2005   ISBN 89-522-0390-9 04800
                          ISBN 89-522-0386-0 04800 (세트)

* 잘못된 책은 구입하신 서점에서 바꾸어 드립니다.
* 저자와의 협의에 의해 인지를 생략합니다.

값 7,900원